二〇一〇年上海世博会建筑

Architecture at
Expo 2010
Shanghai
China

中国建筑工业出版社 编

中国建筑工业出版社

世博会象征着世界的进步,凝聚了社会和人类思想,发扬并传播理想,世博会成为人类社会的伟大实验。21世纪是城市的世纪,在这个前提下,2010年上海世博会的主题是"城市,让生活更美好",其核心价值是和谐城市的可持续发展。关注城市,关注城市与自然,关注生活,通过对未来理想城市和美好生活的探索,通过对主题的陈述、展示、研讨和交流来推动全球的城市可持续发展,建设并创造更美好的城市。如何构建自然生态与社会生态环境协调发展的城市是世博会主题演绎的核心课题之一,不仅是发展中国家需要优先考虑的问题,也是发达国家必须正视和解决的问题。

世博会让全世界的人团聚在一起,共同探索并展望未来。负责1970年大阪世博会规划和场馆设计的日本建筑师丹下健三认为:"现代博览会的主要目的应置于使世界各地代表全人类智慧和文化结晶的人们聚集在一起,使他们能面对面地彼此交流思想和情感。"世博会激励人们进步,推动文化交融,创造交流空间和平台。

世博会推动了全球城市化的发展,世博会不仅使园区得到充分的建设,形成新的城市空间,还使城市得到全面的更新和改造。世博园区犹如一座城市,从城市的局部,演变成城市的重要空间组成部分。从早期的单幢建筑发展到展览建筑群,同时也出现了大量的辅助建筑,如会议中心、文化中心、多功能中心以及各种服务设施,容纳了各种城市生活的活动。世博园成为一座设施齐全的小型城市,桥梁、隧道、地铁、汽车站、停车场等大型交通设施也成为世博会建筑的组成部分。甚至举办世博会的整座城市也都在园区外建造了数量可观的各类建筑,使城市的建筑品质得到提升。

世博会也是世界建筑博览会,园区内的各种建筑本身就是展品。世博会让建筑大师施展才智,让未来的建筑大师充分发挥才能,脱颖而出。世博会成为培育世界级建筑大师的课堂和实验室,建筑师可以在基本上不考虑周边环境和建筑的复杂功能及技术的条件下,充分发挥想象力和创造力,创造全新的建筑空间。世博会让世界认识建筑,认识建筑师,传播建筑的理念,为世界有更美好的建筑而奠定基础。

世博会建筑倡导未来,凝聚了各国各民族的文化,成为时代和文化的象征,世博会建筑引领了世界建筑的思潮和建筑技术,具有鲜明的先锋性和实验性。它们或者表现了新技术和建筑的实验性;或者表现各国和各地区不同的世界观和价值观;或者表现了高度的艺术性;世博会建筑也在形象上代表了各个国家和地区的文化,成为国家的象征。世博会建筑在建筑空间和建筑技术上的创造在一定程度上改变了城市的生活方式,改变了人们的空间观念和空间体验。另一方面,世博会各举办国和举办城市也都在世博会建筑及其规划布局上表现了不同历史时期的社会风尚、生活方式、美学追求和价值观念。

虽然世博会建筑只是临时建筑,建筑存在的历史比较短暂,往往在博览会后就被拆除、或倒塌、或巡回展览。只有很少的建筑得以永久留存或得到重建,绝大多数世博会建筑都仅仅留存在记忆中,留存在新闻报道、摄影或电影档案中,世博会建筑往往在还没有来得及让世界认识它们之前就香消玉殒了。但是,世博会建筑却成为记忆中的永恒丰碑载入建筑史册。

历史上的一些世博会建筑不仅成为世博会的标志,也成为城市,乃至国家的标志性建筑。由于当代世博会的规模宏大,建造了数以百计的展馆,形成了多元化的世博会建筑,那种仅仅以一座标志性建筑代表世博会的英雄主义建筑的时代已经一去不复返。各国展馆也更重视建筑的内在本质,注重建筑的生态价值。世博会也以其建筑的整体意义而表现其标志性,表现世博会的价值,并流传至永久。

历史上的上海就曾被誉为万国建筑博览会,这届世博会的参展方是世博会有史以来最多的一次,建筑在数量上和规模方面也都是空前的,应当就其精彩纷陈的程度而言,已经是世博会有史以来空前的。位于浦西的城市最佳实践区则聚集了全世界绿色建筑的精华,成为博览会中的精品。上海世博会继2000年汉诺威世博会后,充分表现当代世界建筑的实验性、先锋性和批判性,展示了当代世界各国建筑师的创造性。

这届世博会已经在世博会历史上创下了许多记录,除了园区面积最大、参展方的数量最多、参观者人数最众、展馆数量最可观之外,还有一项是关于这届世博会的出版物之多是历届世博会所无法企及的。中国建筑工业出版社赶在世博会开幕之际出版这部《二〇一〇年上海世博会建筑》,更是让参观者更好、更全面地欣赏并认识世博会建筑,为中国和世界在未来有更美好的建筑打开了一扇知识和艺术的大门,也为2010年上海世博会建筑留下了永恒的记忆。

郑时龄
中国科学院院士
中国2010年上海世博会主题演绎顾问
2010年4月20日

前言
Foreword

建筑，作为人类物质文明和精神文明发展的固化载体，以其特有的型制、构造、色彩和丰赡的文化与精神传统，记录了不同地区、不同民族的文明发展状况。而在世界博览会的历史上，建筑这一综合载体更体现出它作为博览会"展品"的优势：未经开展即引发世人的高度关注。如1851年伦敦世博会的水晶宫、1889年巴黎世博会的埃菲尔铁塔、1958年布鲁塞尔世博会的原子塔、1962年西雅图世博会的太空针塔、1998年里斯本世博会的里斯本东方车站、2000年汉诺威世博会的芬兰馆等，无论从建筑技术还是设计理念上来说，都代表了当时人类建筑文明发展的最高水准，甫一建成即受到广泛关注。而2010年上海世博会建筑，则更以其多元性、概念性、民族性、未来性等特征，在世博会正式开展之前即上演了一场世界建筑博览会。

2010年上海世博会的主题是"城市，让生活更加美好"，其所关注的城市问题与人类文明的可持续发展问题，成为本次世博会建筑设计原则的典型特质。不管是概念性很强的抽象建筑，如体现韩文形态的韩国馆、飘浮于空中的德国馆；还是体现民族文化特征的形象建筑，如以民间剪纸艺术为主题的波兰馆；不管是旧瓶装新酒的建筑物改造，如江南造船厂的再造，还是体现建筑科技之光的最新建筑设计，如世博轴的阳光谷、中国主题馆的透光型"双玻组件"太阳能电池板，都展现出本次世博会建筑所承载的人类最先进的文明成果，以及全球化形势下世界多元文化融合的趋势。与历届世博会一样，本次上海世博会参展的国家和国际组织对于世博会建筑非常重视，纷纷邀请了世界知名的建筑师参与场馆设计，世博会场馆的最后设计方案都是经过层层遴选脱颖而出的，这使得上海世博会成为世界设计师的竞技场，同时也成为展示世界最新建筑理念与技术的建筑博览会。这些建筑虽然形式各异、异彩纷呈，却同样都采用了最新的建筑设计理念、建筑材料和建筑技术，并充分融汇各地的传统文化，成为各参展方独一无二的标志性建筑，并共同构成了这次"世界建筑荟萃展"。

作为世博园中最主要的组成元素，世博会建筑既是举办各种展览和活动的场所，其本身也是耀眼的展品。五座永久性场馆以"一轴四馆"的构架统领着世博园区的建筑群，设计风格平稳大气、规矩内敛，大多出自中国本土设计师的手笔。国外自建馆因为体量小、功能简单自由，并且是临时建筑，均采用了非常态的设计方式，从而使建筑师的创造力得到了淋漓尽致的发挥。每个国家、地区或者组织都有自己独特的关注点，比如低碳和环境问题、平等和贫民窟问题等，每一个参展方都希望借世博会表达自己的文化精神与价值理念，并将其渗透在场馆设计中。值得注意的是，"城市最佳实践区"首次为全球各地风格迥异的城市提供了一个独立参展的机会，参观者将在这个区域看到2010年上海世博会对"城市"主题的演绎和绿色建筑的实践，而组织者设立"城市最佳实践区"过程本身就是一次借鉴实践：由老厂房改造而成的场馆比例占到一半以上，上海世博会利用和保护的历史建筑和工业遗产建筑面积是1851年首届世博会举办以来最大的。

对建筑界而言，上海世博会是一场世界新建筑的盛会，也将在世界建筑史上写下重要的历史篇章。由于本届世博会的大多数场馆均为临时建筑，会后均将拆除，那么记录下这些精彩的建筑，自然是中国建筑界不容推卸的责任。中国建筑工业出版社作为建筑出版领域的大社，一直以来以弘扬和保护中华民族优秀建筑文化、促进中国建筑业科技进步、宣传中国建设成就为己任。在上海世博会的筹办过程当中，我社始终关注世博会建筑的规划、设计与建设，并组织参与世博会建筑设计的众多建筑师撰写稿件，向读者详尽介绍了这些融汇各个国家与地区精湛建筑技术、最新设计理念和民族特色的世博场馆。无论是普通读者，还是专业人士，都可以通过本书观赏一幅上海世博会的建筑全景图。本书不仅是奉献给读者的一场建筑视觉大餐，更为世界建筑界记录下一笔可资回味的建筑文化遗产。

本书通过专业建筑师的设计回顾，配以大量精美的图片与详尽的平、立、剖线图，将这些先进的建筑理念传播给广大的专业读者。我们希望这些场馆的介绍不仅能为读者提供一个个建筑技术发展的切片，让读者了解既有的成果，同时也为专业读者展示未来建筑技术发展的新趋势，预示未来建筑发展的方向。

目录
Contents

002

序
Preface

004

前言
Foreword

010

园区地图
Tour Map of the Expo Site

338

后记
Postscript

永久性场馆
Permanent Pavilions

014
中国馆
China Pavilion

026
主题馆
Theme Pavilion

036
世博中心
World Expo Center

046
世博文化中心
World Expo Culture Center

054
世博轴
World Expo Boulevard

国家（地区）馆
State (District) Pavilions

A A片区 Zone A	066 阿联酋馆 UAE Pavilion	070 阿曼馆 Oman Pavilion	072 澳门馆 Macau Pavilion	076 韩国馆 ROK Pavilion	084 日本馆 Japan Pavilion
090 沙特馆 Saudi Arabia Pavilion	096 台湾馆 Tai Wan Pavilion	100 香港馆 Hong Kong Pavilion	104 以色列馆 Israel Pavilion	**B** B片区 Zone B	108 澳大利亚馆 Australia Pavilion
114 马来西亚馆 Malaysia Pavilion	118 泰国馆 Thailand Pavilion	120 新加坡馆 Singapore Pavilion	126 新西兰馆 New Zealand Pavilion	**C** C片区 Zone C	128 奥地利馆 Austria Pavilion
134 巴西馆 Brazil Pavilion	136 比利时-欧盟馆 Belgium-EU Pavilion	140 波兰馆 Poland Pavilion	146 丹麦馆 Denmark Pavilion	152 德国馆 Germany Pavilion	160 俄罗斯馆 Russia Pavilion
164 法国馆 France Pavilion	172 芬兰馆 Finland Pavilion	178 荷兰馆 Dutch Pavilion	184 意大利馆 Italy Pavilion	192 加勒比共同体联合馆 Caribbean Community Pavilion	194 加拿大馆 Canada Pavilion
198 捷克馆 Czech Pavilion	202 罗马尼亚馆 Romania Pavilion	204 卢森堡馆 Luxemburg Pavilion	210 美国馆 USA Pavilion	214 摩纳哥馆 Monaco Pavilion	216 墨西哥馆 Mexico Pavilion
220 挪威馆 Norway Pavilion	224 瑞典馆 Sweden Pavilion	228 瑞士馆 Switzerland Pavilion	234 委内瑞拉馆 Venezuela Pavilion	236 西班牙馆 Spain Pavilion	244 英国馆 UK Pavilion
252 智利馆 Chile Pavilion	256 中南美洲联合馆 Central and South America Pavilion				

企业馆
Enterprise Pavilions

260 国家电网馆 State Grid Pavilion

264 韩国企业联合馆 ROK Corporate Joint Pavilion

268 中国民营企业联合馆 Chinese Private Enterprise Pavilion

272 上海企业联合馆 Shanghai Corporate Joint Pavilion

278 上汽集团－通用汽车馆 SAIC-GM Pavilion

280 石油馆 Oil Pavilion

282 万科馆·2049 Vanke Pavilion

288 信息通信馆 Information and Communication Pavilion

290 中国船舶馆 China Shipbuilding Pavilion

296 中国航空馆 China Aviation Pavilion

其他
Other Pavilions

304 宝钢大舞台 Baosteel Stage

306 城市未来馆 Pavilion of Future

308 城市足迹馆 Pavilion of Footprint

310 城市最佳实践区中部展馆 B-1 UBPA-B-1

314 城市最佳实践区中部展馆 B-2 UBPA-B-2

318 城市最佳实践区中部展馆 B-3 UBPA-B-3

322 城市最佳实践区中部展馆 B-3-2 UBPA-B-3-2

326 城市最佳实践区中部展馆 B-4 UBPA-B-4

332 城市最佳实践区公共服务设施 C-1 UBPA-C-1

334 世博会博物馆 World Exposition Museum

336 综艺大厅 Entertainment Hall

园区地图
Tour Map of the Expo Site

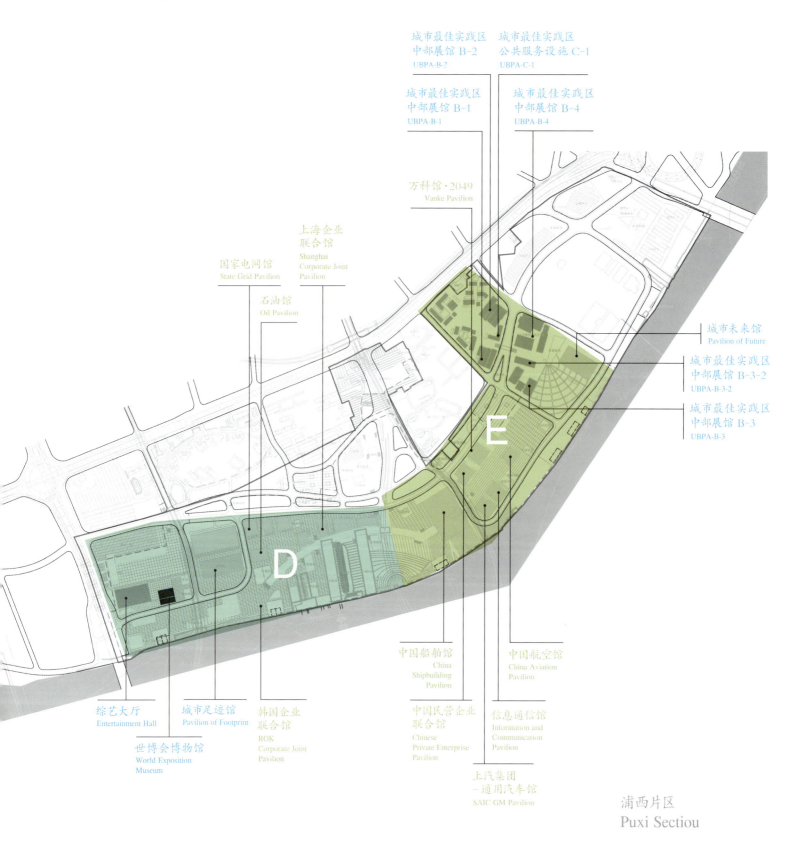

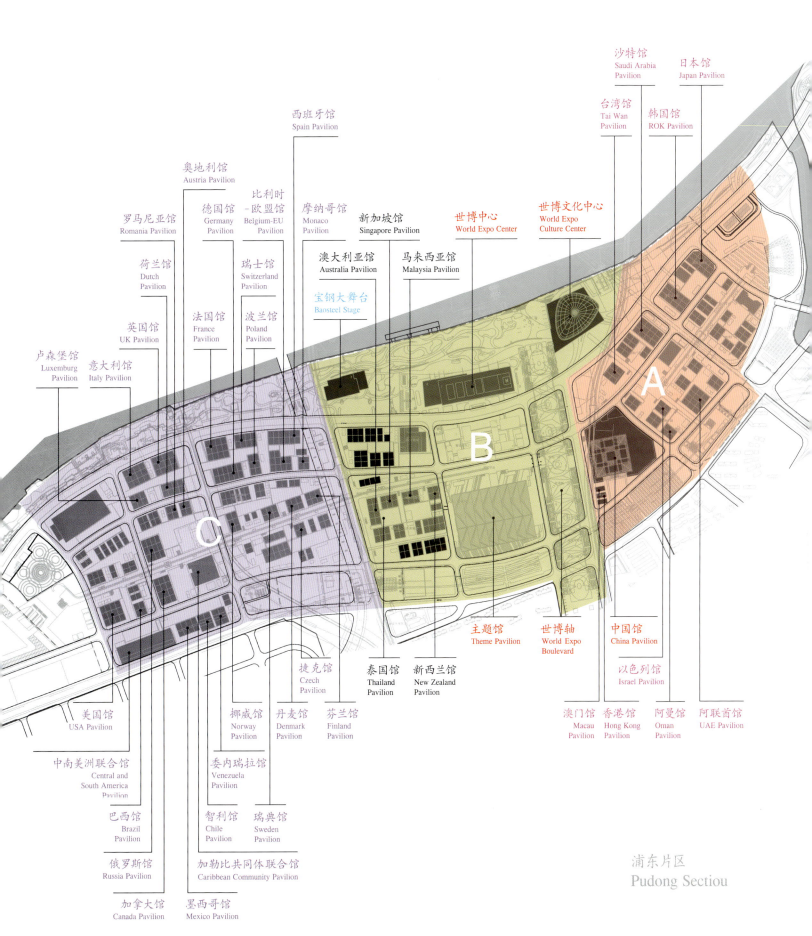

永久性场馆

Permanent Pavilions

Shanghai World Expo 2010

中国馆
China Pavilion

Zone A

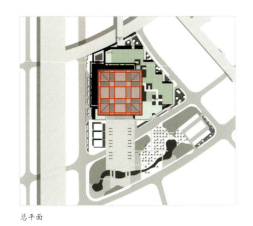

总平面

地点：浦东 A 片区
占地面积：7.14hm²
建筑面积：160000m²
檐口高度：60.6m
最高点高度：69.9m
架空层高：25.2m
层数：国家馆3层，地区馆1层
设计单位：华南理工大学建筑设计研究院
　　　　　北京清华安地建筑设计顾问公司
　　　　　上海建筑设计研究院有限公司
项目总负责及总建筑师：何镜堂（华南理工大学建筑设计研究院）
副总建筑师：张利（北京清华安地建筑设计顾问公司）
　　　　　　倪阳（华南理工大学建筑设计研究院）
　　　　　　袁建平（上海建筑设计研究院有限公司）

中国馆以其极富中国建筑文化元素的"斗冠"造型、表面覆以"叠篆文字"的主题构思，将无数中国人对世博会的憧憬和梦想寄托在了独特的建筑语言之中。

中国馆外观以"东方之冠"为构思主题，表达了中国文化的精神与气质，其设计理念可以概括为："东方之冠，鼎盛中华，天下粮仓，富庶百姓"。中国国家馆层叠出挑，形似城市雕塑，体现了中国馆的标志性；地区馆水平展开，延伸城市肌理，形成建筑物稳定的基座，构造城市公共活动空间。

中国馆在构成方式上也吸取了中国传统城市的营建法则、构成肌理以及中国传统建筑的屋架体系与斗栱造型特点，通过纵横穿插的现代立体构成手法形成一个逻辑清晰、结构严密、层层悬挑的三维立体空间造型体系。这个体系，外观整体、大气、有震撼力；内部空间互相穿插、视线连通，满足了现代展览空间的需求；结构上也体现了现代工程技术的力学美感。

在中国馆的设计中，"中国红"的外墙挂板是一大难题。"中国红"一直是一个模糊的红色概念，如朱砂、辰砂、朱红等均属其范畴，在不同的历史时空中亦呈现出多样的审美表达，故宫的太和殿所展示的"红"的表达也有五种之多。经过整体色彩分析后，设计师接受了中国美院专家的建议方案——以有微差的多种红色组合而成"中国红"，用"和而不同"的整体表达延伸出"中国红"的内涵。中国馆的"中

国红"最终确认为4种红色的组合，并由上而下通过渐变的手法由深到浅，以增加整体"中国红"的层次感、空间感。

中国馆建筑由国家馆和地区馆两部分组成，国家馆的展示设计充分体现"城市，让生活更美好"的主题，展示核心内容为"城市发展中的中华智慧"；地区馆为全国31个省、直辖市、自治区（不包括香港、澳门、台湾）提供展览场所，展示中国多民族的不同风采。世博会后，国家馆将作为我国中华历史文化艺术的展示基地，地区馆将转型为标准展览场馆，与周边主题馆、星级酒店、世博中心、世博轴和演艺中心共同打造以会议、展览、活动和住宿为主的现代化服务业聚集区。

为凸显世博会的城市主题与公共性特征，设计在关注塑造城市公共空间的同时，还要面对城市用地紧张这一突出问题，并给出了明确的回答。设计中将国家馆架空升起、层叠出挑，创造出由前广场开始、到架空平台以及屋顶花园的一系列连续城市广场空间，为参观者与市民提供了一个自由开放、多元的公民活动场所。

设计师也同时关注观众的竖向活动。针对上下分区、高层展厅的布局，设计师通过4个竖向交通核充分连接地区馆、国家馆与架空层。国家馆分内外两个空间：内部为3层展厅，展厅外部还特别设置了外圈观景坡道和定点快速扶梯这两套竖向的参观交通系统。外圈环绕的观景坡道结合倾斜的玻璃外墙，让观众在参观完展览之后，还可俯瞰世博园区内景，使中国馆同时具备了观景装置的功能。中国馆不仅仅是个展览建筑，从某种角度而言，更成为容纳一系列复合活动的垂直街道。

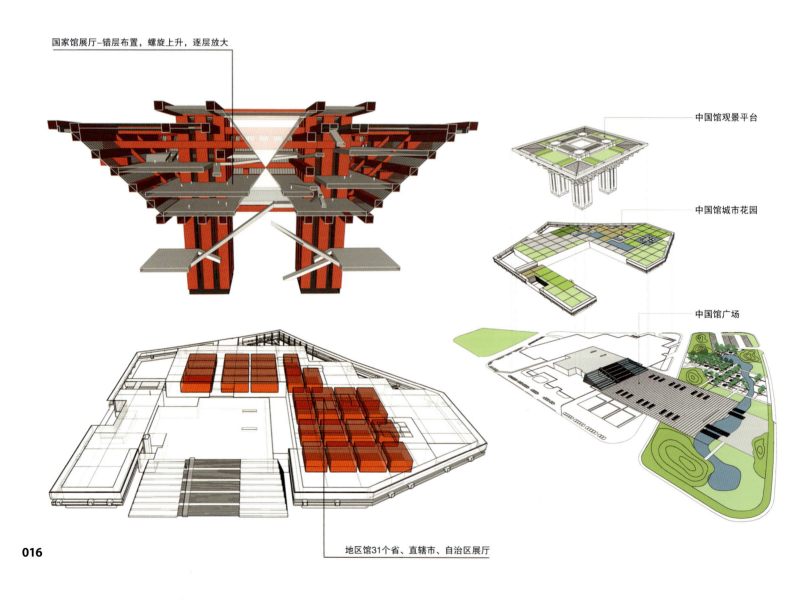

国家馆展厅-错层布置，螺旋上升，逐层放大

中国馆观景平台

中国馆城市花园

中国馆广场

地区馆31个省、直辖市、自治区展厅

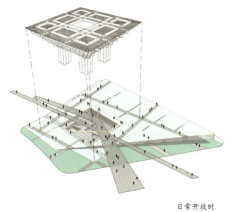

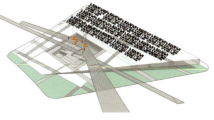

日常开放时　　　　　　　　　　　小型表演时　　　　　　　　　　　大型表演时

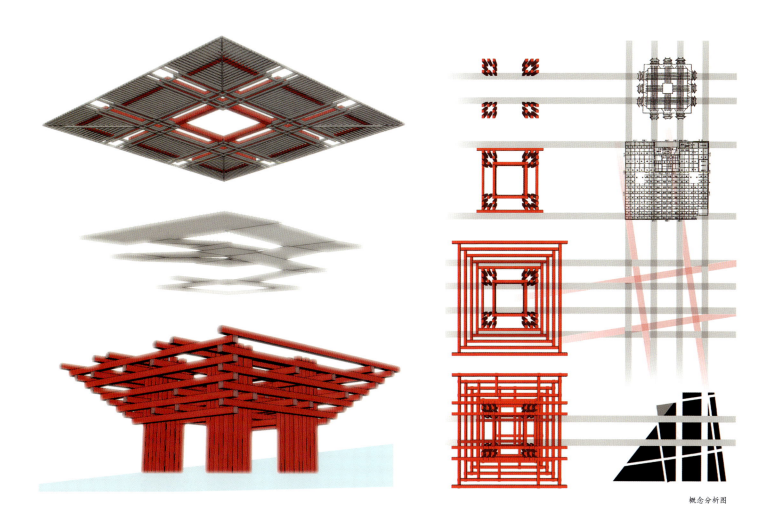

概念分析图

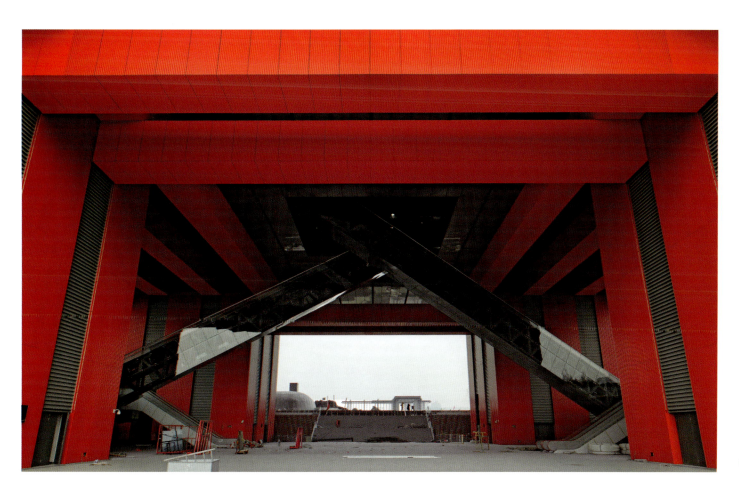

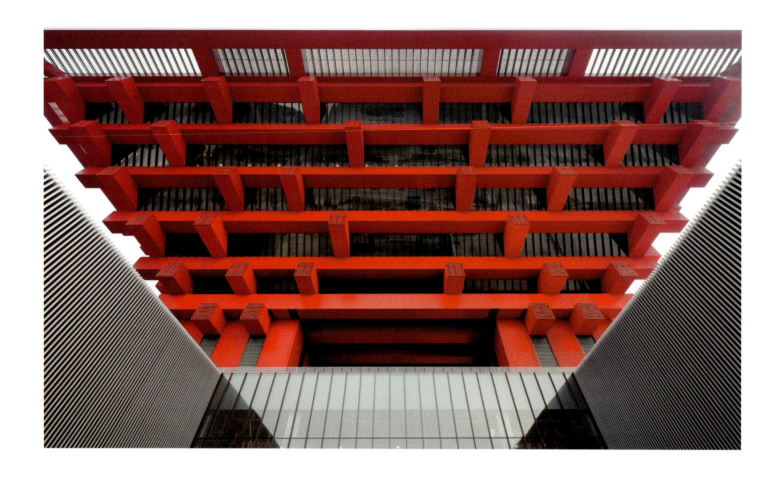

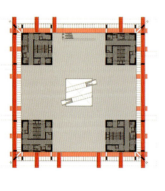

33.3m 标高平面

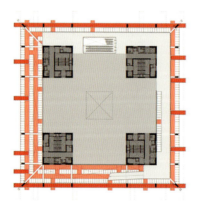

41.4m 标高平面

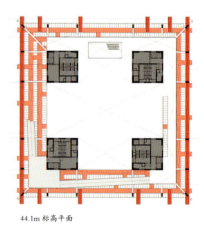

44.1m 标高平面

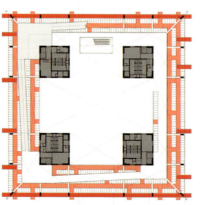

46.8m 标高平面

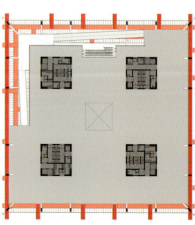

49.5m 标高平面

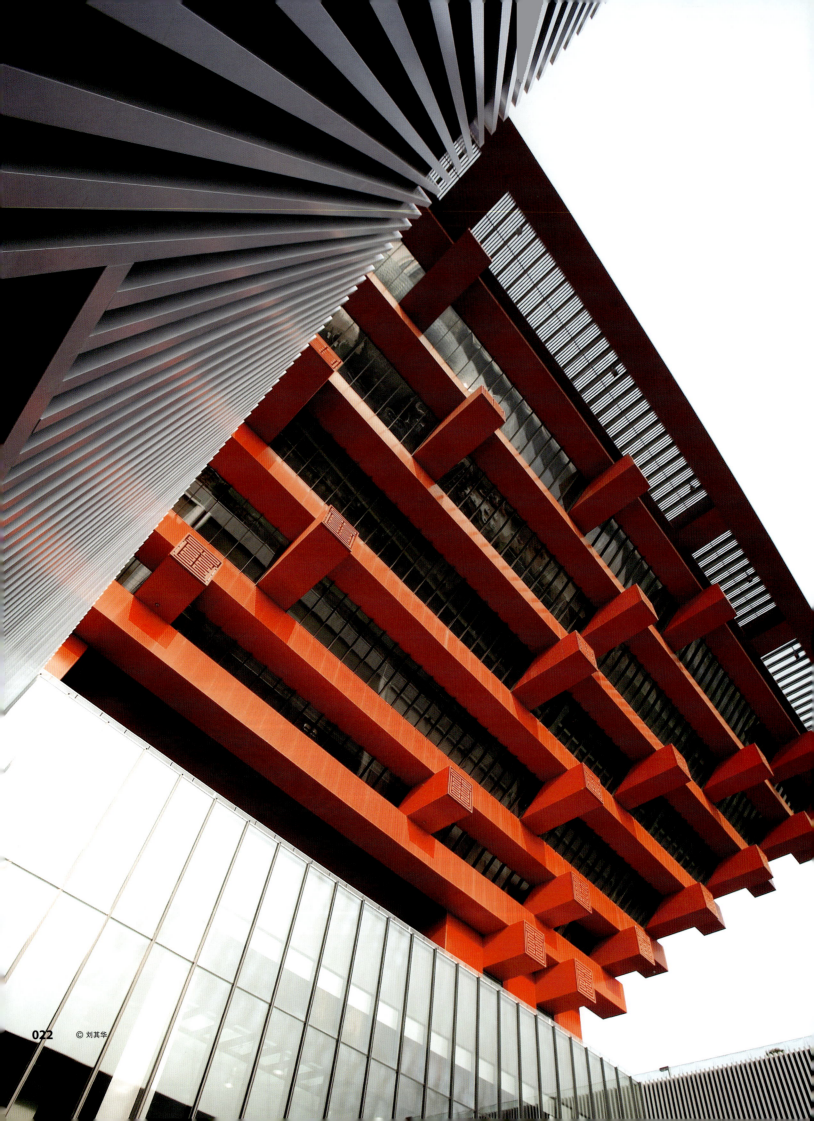

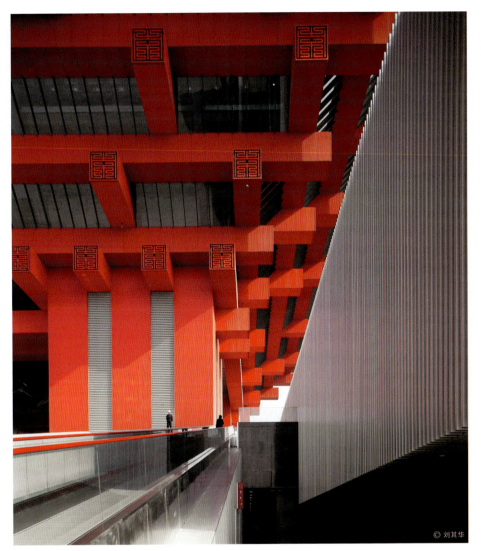
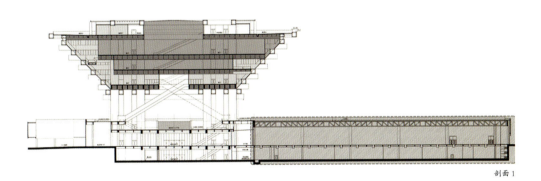

剖面 1

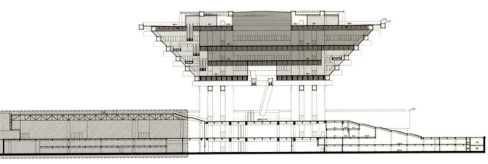

剖面 2

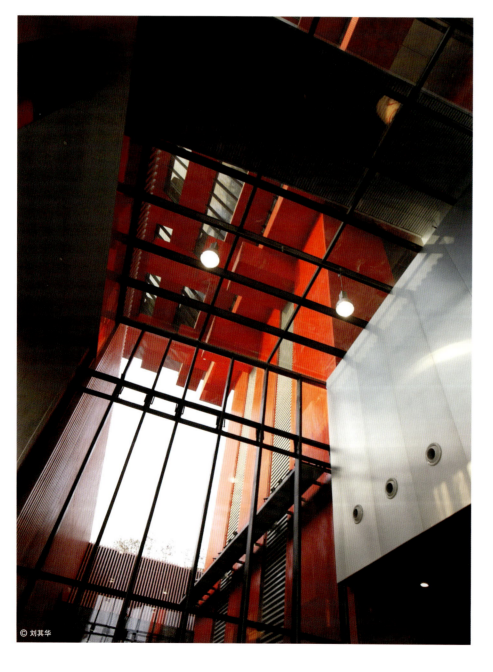

© 刘其华

Shanghai World Expo 2010

主题馆
Theme Pavilion

Zone B

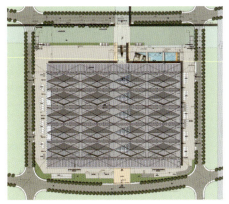
总平面

地点：浦东 B 片区
占地面积：52414m²
建筑面积：142662m²
建筑高度：23.50m
层数：2 层
设计单位：同济大学建筑设计研究院（集团）有限公司
建筑师：曾群、丁洁民、邹子敬、文小琴、丰雷、孙晔

"城市让生活更美好"是 2010 年上海世博会的主题灵魂，是贯穿本届世博会整体框架、内容和过程的指导思想。我们生活的城市是个复杂的综合体，它支撑着不同的"生活方式"，而"城市生活"正是这些关系所反映的多样性的总和。主题馆既是演绎世博主题的空间载体，也是上海都市多样化城市生活的大舞台，它将以超大尺度的空间、精彩多样的活动迎接来访客人、成为充满上海城市情怀和内在张力的"都市客厅"。

主题馆为世博会主题展示提供了相应的空间条件，属于大型展览建筑，具有特殊的功能空间需求。主题馆设计理念首先是坚持服务于世博会展示需求，其次要兼顾会后功能转换，因此，主题馆布局空间、形体造型均从功能出发，与功能结合的可行性成为设计取舍的核心标准。

展馆大尺度展厅空间的功能特点决定了其占地大、高度底、集中紧凑的体量特征。在总体布局上，设计师突出了展示建筑功能性优先的原则，采用规整的矩形体量，空间造型着重表现展览建筑造型特征的韵律美感。

富有韵律感的里弄片断是上海城市肌理的主要特征，记载了上海的城市历史，是上海最令人陶醉的城市意向，里弄的屋顶呈现出均匀的有节奏的三角形元素，是上海传统城市肌理的主要韵律；总面积达 60000m² 的主题馆屋面，在世博核心区中将呈现出最为突出的肌理特征。设计师结合功能将"里弄片断"这种城市意向抽象提炼到主题馆屋面造型中：将屋面设计为折线形屋面，利于大面积屋面的排水；同时在屋面设置水平支撑，将太阳能光电板与屋面结构一体化集成，形成单元式有韵律的菱形构图。这个抽象意念到具象形态的过程既解决了大型展览空间的功能要求，也满足了总体规划对于高度的限制，在第五立面构成了纯功能性但又具有立体空间层次的造型，从而将超大尺度的屋面形成了类似城市纵横交错、凹凸起伏的肌理效果，延续了传统城市空间——里弄屋面肌理的视觉魅力、承载了上海的城市记忆。

设计师在设计中引入主"屋面整体设计"概念，积极探讨了大面积太阳能集热/发电板的技术与建筑的外观、结构、管路和智能化体系设计、施工的光电建筑一体化过程中的关键技术，并最终获得了顺利实施，亦成为主题馆的一大亮点。

中国传统木构建筑主要的特征就是出檐深远的坡屋面挑檐下形成的兼具形态、功能特征的灰空间，这种人性化场所除了给人们带来活动的方便外，还连接了室内外，充分与自然沟通。作为大型展览建筑，主题馆是参观人流大量集中、功能活动丰富灵活的场所，为了适应各种气候条件下的布展活动，提供舒适的半室外等候、休息以及辅助展览活动空间，设计师在形体设计中借鉴了中国古建"出檐深远"的特点，在南北方向均设主要出入口和等待区，相应地在南北设计大挑檐，形成展厅与室外环境相连的灰空间，从而更利于塑造人性化功能空间和节能型生态体量。

主题馆挑檐出挑深度近18m，结合精心设计的"人"字形钢结构立柱序列形成了正常街景视角下主题馆最具特色的空间特征——大挑檐，既为参观者遮阳挡雨，又能有效遮挡夏季阳光对建筑南立面外墙的直射，形成良好的遮阳效果，以达到节能的目的。

主题馆极具功能性特点的大挑檐富有动感、轻灵精致，将中国传统建筑语言和现代的材料及手法进行了巧妙的融合。

由于南北立面的大挑檐处理，东西立面则以实墙为主，但近6000m²的东西立面体量过大。设计师引入了垂直绿化方案，将立面作为区域城市景观面"城市绿篱"来设计：以节日焰火庆典为形态特征的垂直绿化墙面。新型保温节能外围护体系是大型公共建筑生态节能设计中的倡导重点，主题馆的东西立面采用了由金属结构、金属种植面板、种植土、绿化植物和滴灌系统组成的与建筑外幕墙一体化的垂直绿化墙面系统。该系统利用绿化隔热外墙在夏季阻隔辐射，并使外墙表面附近的空气温度降低，降低传导和渗风得热；在冬季则不影响墙面得到太阳辐射热，形成保温层，使风速降低，延长外墙的使用寿命。形态上，设计师将垂直绿化墙面系统的支撑龙骨与屋面菱形肌理相呼应，整个墙面用菱形单元绿化中不同植物搭配，构图形成"节日焰火"的城市意向。通过在立面上布满菱形网格，形成背景，再选用4种由深至浅的小灌木模块，从下往上依次嵌入菱形网格中，最下面的网格被全部铺满，越往上越稀少，直到最上方直接露出菱形网格。同时，模块摆放的角度向外偏20℃，保证植物生长出绿叶能将模块覆盖。其中不同的植物种类选择、种植方式、种植构架的设计以及维护方案是设计研究的关键环节，其研究成果和实施经验将有助于填补目前国内大面积绿化隔热外墙应用的空白。（文/曾群、邹子敬）

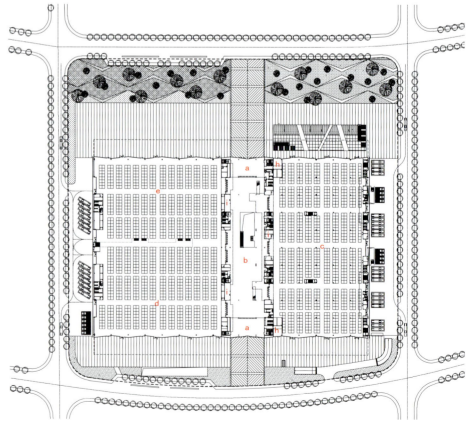

一层平面

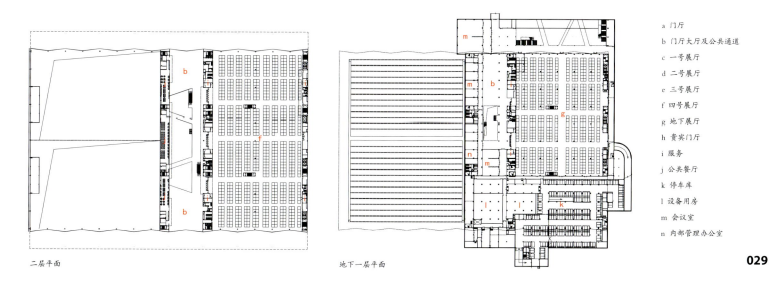

二层平面　　　地下一层平面

a 门厅
b 门厅大厅及公共通道
c 一号展厅
d 二号展厅
e 三号展厅
f 四号展厅
g 地下展厅
h 贵宾门厅
i 服务
j 公共餐厅
k 停车库
l 设备用房
m 会议室
n 内部管理办公室

029

b 门厅大厅及公共通道
c 一号展厅
e 三号展厅
f 四号展厅
g 地下展厅

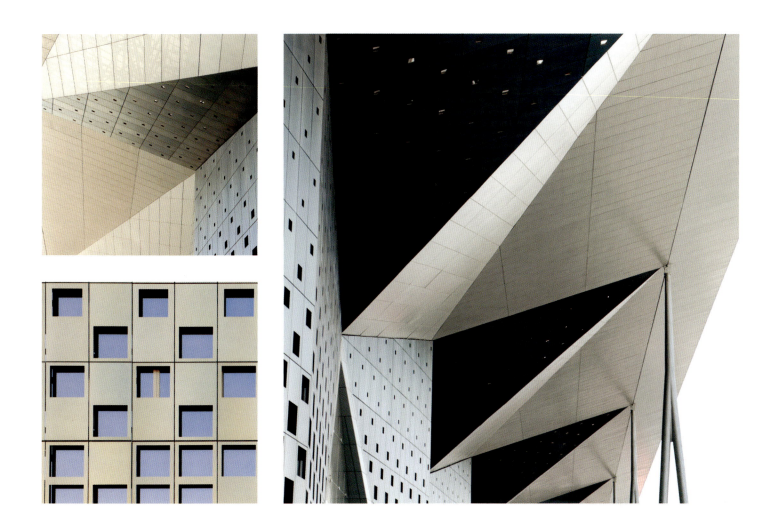

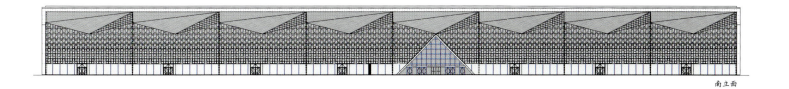

南立面

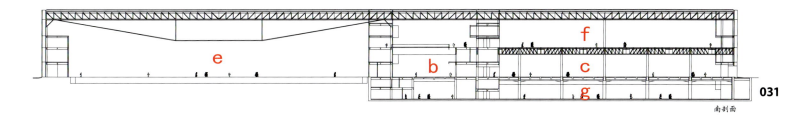

南剖面

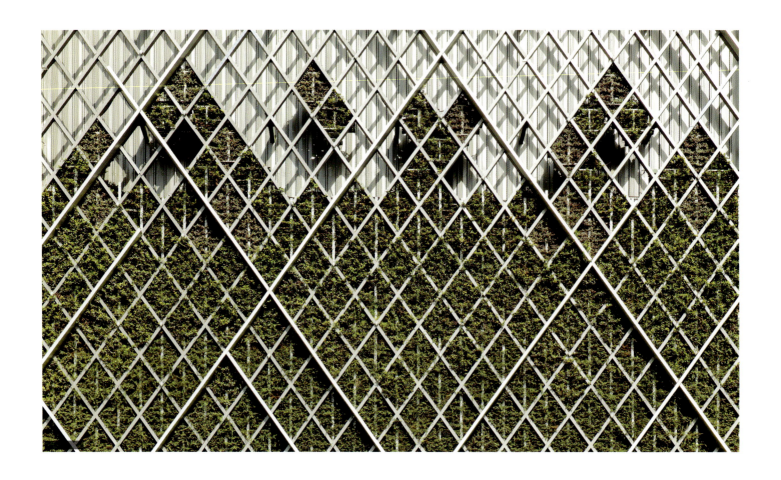

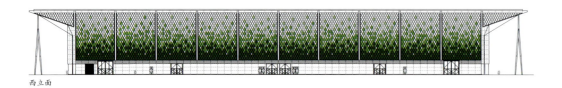

西立面

西剖面

d 二号展厅
e 三号展厅

Shanghai World Expo 2010

世博中心
World Expo Center

Zone B

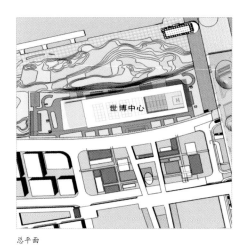
总平面

位置：浦东B片区
占地面积：6.65hm²
建筑面积：142000m²
建筑高度：40m
层数：7层
设计单位：上海现代设计集团华东建筑设计研究院
创作团队：汪孝安、傅海聪、亢智敏、乔伟、
　　　　　邬宏刚、安娜、马进军、叶琪卿、
　　　　　戴振、凌克戈、雷菁、沈朝晖、
　　　　　张欣波、陈峻

作为世博园区滨江绿地内大型公共建筑，世博中心在建筑形态上没有刻意地表现自我，而是糅合现代建筑视觉理念，凸显阳光与自然的谐和婉约，正如林语堂笔下的中国建筑"无声地叙述着自己平和的心迹，从而也暗示着自己的端庄有礼"。含蓄的姿态平缓舒展，通透的外墙明亮透彻，不仅将周边景致尽收眼底，也大大降低了建筑自身的体量，与浩瀚的绿地和江水交相辉映、和谐共生，实现现代风格与自然形态的完美过渡。

围绕会议、接待、交流等几大核心功能，将建筑分成东部会议交流及西部活动接待两大区域，通过7200m²的多功能大厅、4800m²的宴会厅、2000m²的国际会议厅和2600席大会堂等核心场所组合构成，设计自然而充分地表现了一座大跨度、大空间的综合性公共建筑，方整简约的形态有助于庞大的规模和繁复的功能排布、合理的流线组织和分区，也为建筑的节能奠定了坚实的基础，同时体现了建筑庄重有力的整体气势和性格特征。

世博中心纯净的立面形式，为建筑表皮的肌理表现和绿色节能打下了良好的基础。富有创意的片状折线玻璃外墙，构成了建筑的主要形态特征。通过每片玻璃的缝隙，可以手动或电控令两组窗扇上下开启，形成有序的空气对流。外侧有机排列的玻璃折片，既可阻止强风又能保持立面的完整。折线玻璃幕墙的竖向肌理还与折线石材幕墙的横向错动形成了统一和对比，也为夜景灯光的表现提供了有效的空间和平台。绿色生态的呼吸功能形成了富有层次的外墙肌理，简洁的外部形态呈现出丰富的建筑细部和表情，表达出当代建筑的活力，且具有滨水建筑的神韵。

世博中心平缓舒展的建筑体形也造就了

宽阔的屋顶平面，主要采用了植被以及太阳光伏电板架空层，大大提高了屋顶的热工性能。选择土层薄、耐高温、根系浅的植被适合于上海的气候特点并可减轻屋顶承重，还可以蓄积雨水，减少对周边环境的排水压力。大面积太阳能光伏发电板开创了国内大型公共建筑上大规模采用新型能源并网发电的先河，同时与某种植物有效组合，将节能环保、建筑热工和屋面形式有机结合于一体，呈现出完整而生动的第五立面。

较之大气谦和的外表，世博中心的笔墨更多地挥洒在内部空间形态的刻画和塑造上。充分依托得天独厚的景观资源并有效利用建筑宽阔的体量，将会议、接待等公共空间沿外墙分布，以获取最为直接的自然采光通风和外部优美的景色，这是世博中心空间布局的一个显著特征。

通过合理的高程设计构建互动穿插的室内外环境，世博中心几乎每层均有大小不一的室外露台，不仅为建筑的多样性活动提供了丰富的场所，同时充分满足了密集人流空间的消防安全和集散需求。位于建筑中部的大空间场所，利用屋顶及高差退台设置可开启天窗，在漫长的春秋过渡季，由于自然通风的形成，极大地节省了空调用电负荷，同时增强了室内的舒适度。这在以往集中布局的大体量公共建筑中并不多见，达到最为经济和有效的节能目的。

灵活的空间组合和功能转换是现代会议中心的共同特点和发展趋势。模数化的构造奠定空间组合的基础，达到最大空间的灵活性。顶棚造型充分结合建筑结构形式，高度可以根据不同的空间需求自主调节。为了满足各种功能的使用，整个空间可用移动隔墙体系分隔成3~4个均质空间，并通过不同的照明系统满足特殊的需求，采用完备的技术手段体现独特的模式和场景效果。在这里，大堂经改头换面可举行娱乐活动或庆典仪式，会堂的墙顶移动拆装后也顷刻变成箱形镜框式剧场，一个多姿多彩、永不落幕的舞台就此产生。

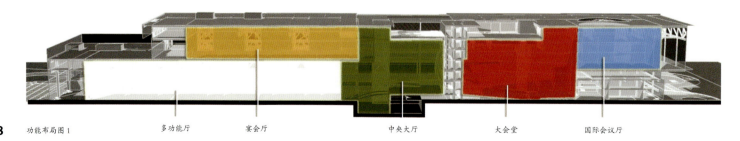

038　功能布局图1　　　多功能厅　　　宴会厅　　　　中央大厅　　　大会堂　　　国际会议厅

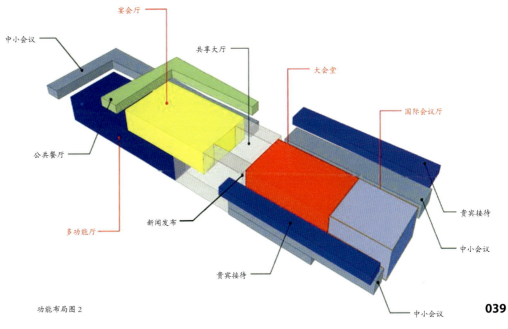

功能布局图 2

地下一层平面

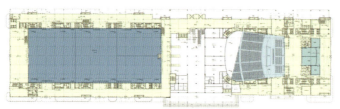
一层平面

二层平面

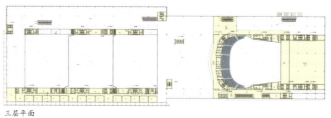
三层平面

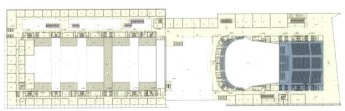
四层平面

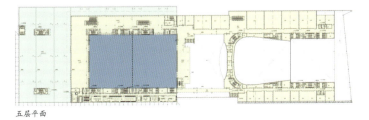
五层平面

六层平面

七层平面

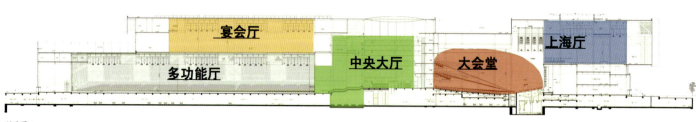

剖面图 1

剖面图 2　　　　　剖面图 3

043

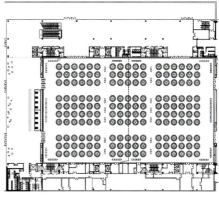

宴会厅平面布置图 © ARCHITECT: AS. ARCHITECTURES-STUDIO

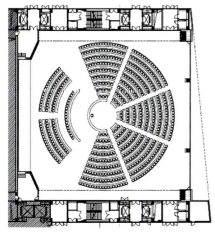

政务厅平面布置图1 © ARCHITECT: AS. ARCHITECTURES-STUDIO

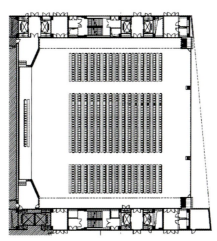

政务厅平面布置图2 © ARCHITECT: AS. ARCHITECTURES-STUDIO

Shanghai World Expo 2010

世博文化中心
World Expo Culture Center

Zone B

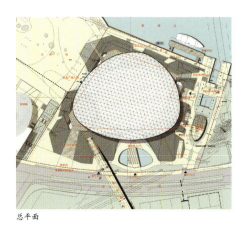
总平面

地点：浦东 B 片区
占地面积：67242.6m²
建筑面积：126000m²
建筑高度：26.5m
层数：6 层
设计单位：上海现代设计集团华东建筑设计研究院
创作团队：汪孝安、鲁超、田园、涂宗豫、方超、
　　　　　刘玮、任意乐、吴英杰、范一飞、李合生、
　　　　　张俊、赵雯怡、郑凌颖、衣健光

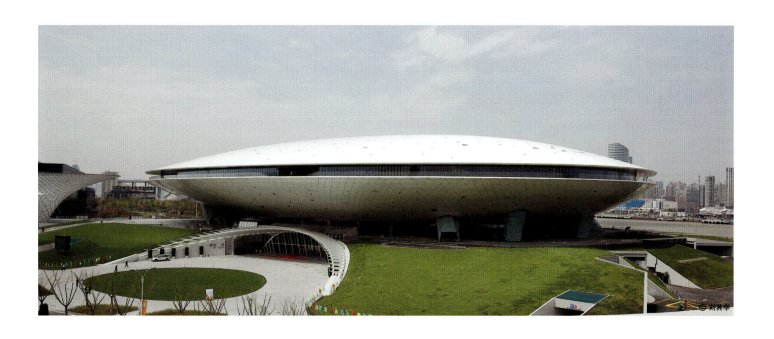

　　2010年上海世博会是中国为世界搭建的舞台，上海也因此展现在世界的舞台上。为了筹备世博会，上海展开了新一轮的都市再开发工程。世博会将给这座城市留下永久性的场馆，它们将延续世博会的精神，在未来的岁月中这些场馆不仅是都市文化复兴的催化剂，更将成为全新的文化艺术和休闲娱乐的中心。

　　世博文化中心是个飞碟形状的建筑，白天如"时空飞梭"、似"艺海贝壳"；夜晚则梦幻迷离，恍如"浮游都市"。建筑以卢浦大桥作为底景，以集中式布局、柔和的建筑形体，融于滨江公园绿地之中；力求与世博庆典广场有机结合、形态交融，与西侧的世博轴、世博中心和南侧的中国馆呼应、协调。

　　世博文化中心却并不是个只考虑建筑形式的所谓先锋派作品。碗形主场馆空间成为"飞碟"状建筑形态的内在起源，由于场馆规模的调整，原有的基地就显得捉襟见肘，场馆功能空间的构成给创作以启发，通过切割接地区域的体量，形成"借天不借地"的漂浮状形态。"漂浮"这一概念，从功能布局上看是世博文化中心的必然选择，借助场馆周边功能区块的上移，下部被解放的空间形成了开放式的公众平台，有效地解决了各种交通空间的转换及剧场大人流的疏散。

基于严谨的结构理论分析和合理造型的结构技术支撑，建筑空间的构想得以实现。漂浮的碟形体，绿坡基座，大大缩小了建筑的体量感。轻盈灵动的建筑形态不仅是本方案希望传达出的一个信息，也是滨江建筑的外在要求，体现了滨江建筑与环境和谐共生的理想。

世博文化中心的技术难点在于其超曲面表皮的构成，其结构构件、幕墙构件的精确结合，建筑与幕墙设计、钢结构加工、表皮保温防水系统、送排风系统、屋面排水系统、泛光照明系统和表皮饰面系统的设计施工一体化，该项目所开发的幕墙表皮三维误差调节系统，较完美地解决了现场安装精度和施工进度之间的矛盾。

"飞碟"形态不但传递出场馆特有的功能特性和对于宇宙、未来憧憬的文化特质，"星空"也被作为了基本的表皮像素，其疏密有致的图案内包含了诸如采光、进排风、排烟及泛光等不同的功能洞口。而场馆的LED泛光照明系统，不但体现出其技术的创新，其梦幻般的照明效果也将进一步烘托出"宇宙星空"的形态主题。弧形柔和曲面的形态，既有强烈的自身个性，又易与世博中心、中国馆、主题馆等较为平直的建筑天际线取得协调的关系，形成和谐统一的整体。

世博文化中心设计上尽可能地采用创新的建筑技术，场馆顶部设有雨水收集系统，能够实现雨水的循环利用，进行浇灌与道路清洁。

一层平面

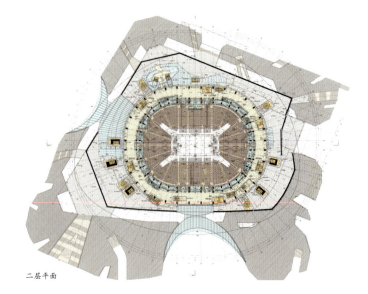

二层平面

© 刘其华

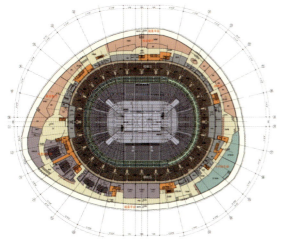

六层平面

049

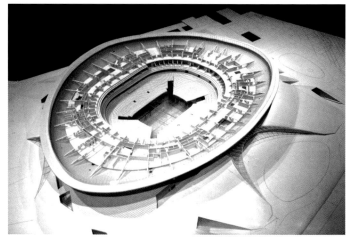

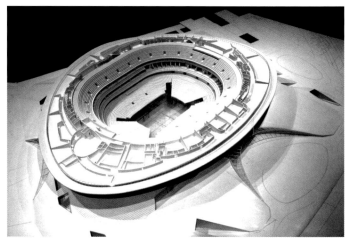

内部空间研究模型

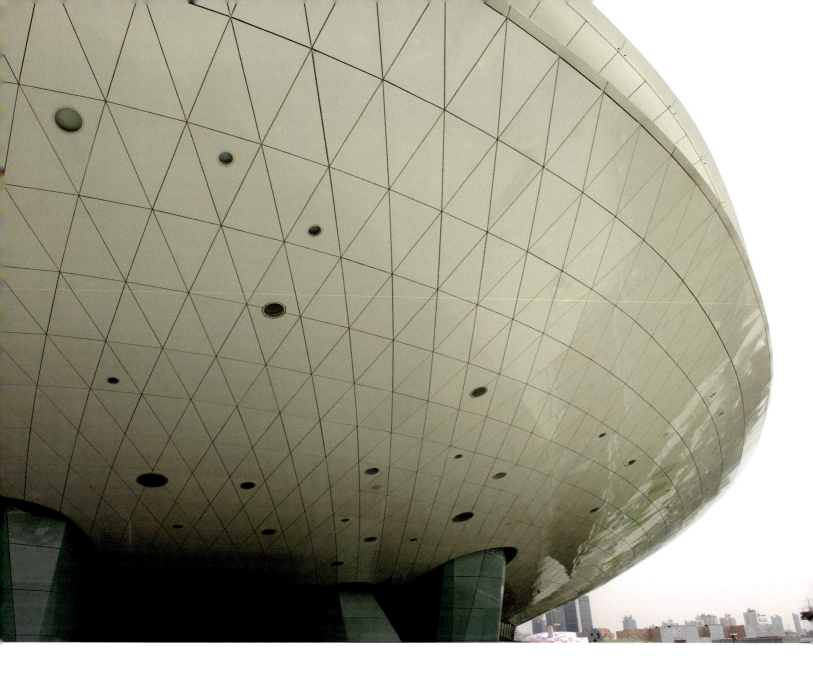

建筑功能分区

■ 普通观众区
■ VIP观众区
■ 演员化妆区及运动员休息区
■ 办公区
■ 展览区
■ 电影俱乐部
■ 餐饮酒吧休闲街
■ VIP俱乐部
■ 音乐俱乐部
■ 文化休闲娱乐街
■ 溜冰场

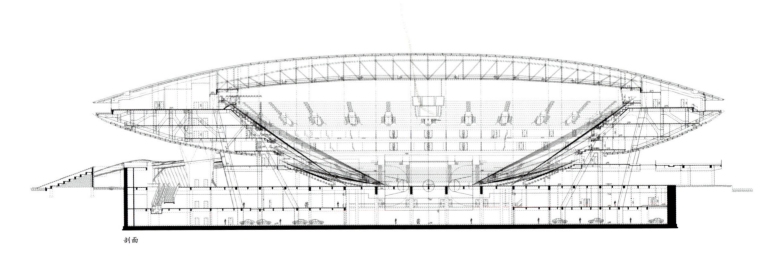

剖面

Shanghai World Expo 2010

世博轴
World Expo Boulevard

Zone B

总平面

地点：浦东 B 片区
总建筑面积：248601m²
地上建筑面积：61076m²
地下建筑面积：187525m²
建筑基底面积：45861m²
建筑高度：12.5m~30.5m（按檐口至地面）
层数：2 层（地下）+2 层（地上）
外方设计单位：德国 SBA 公司
外方建筑师：李宏、Bianca Nitsch、Cathrin Fischer、
　　　　　　Benedikt Koester、Reinhard Braun、
　　　　　　张雷、袁小愚、戚毅君
中方设计单位：上海现代设计集团华东建筑设计研究院
　　　　　　上海市政工程设计研究总院
中方建筑师：黄秋平、孙俊、蔡欣、欧阳恬之、
　　　　　　周明、黄巍、孙瑛、方一帆

　　2010 年上海世博会上，一条 1km 长、百余米宽的通道将在园区伸展。世博轴可以称得上是上海世博会上最大的单体建筑。交通动脉、景观大道、服务集群等称谓，仿佛都可以形容它，又都不确切。来自德国 SBA 公司的方案以集商业服务、餐饮、娱乐、会展服务等多功能的准确定位，以及独特的"绿色地下空间"设计概念拔得头筹。

　　世博轴建筑的地上与地下超尺度的空间规模，决定了它不是一个一般意义上的"建筑"，而是"城市环境"。作为最主要的入口和出口，世博轴建筑并不仅仅是个功能性建筑，而是被设计师赋予了更多史诗、英雄以及浪漫主义元素的建筑。世博轴建筑是人通行、等候、游憩的场所，如何在超尺度的环境构架下为"人"设计尺度适宜的环境体验，方案设计的过程就是从探索 1km 的大尺度表达到 1mm 的小尺度演绎的过程。两侧打开的绿坡，中间由地下向天空伸展的阳光谷，地下空间里不断出现的几层通透的开洞，乃至各端空间内按模数重复出现的竖向交通单元、柱子、建筑单元立面、地面和顶的材料与划分，城市街具的设计，都是兼顾宏伟叙事和人性细节。

　　世博轴是世博园区最大的单体项目，是园区空间景观和人流交通的主轴线。面对即将到

来的巨大交通压力，世博轴建筑采用 3 层立体交通应对方案——地下二层入口与轨道交通八号线接驳；地面层直接联系世博园区地面交通；地上二层与世博园人行高架步道系统相连——既避免了人流交叉，又保证了高效的安检通过。层间依靠大量按模数布置的圆形芯筒、开放楼梯以及自动扶梯系统联系。各层的紧密结合以及人流的合理分配保证了世博会期间参观者能最快速地抵达园区内的其他目标建筑。

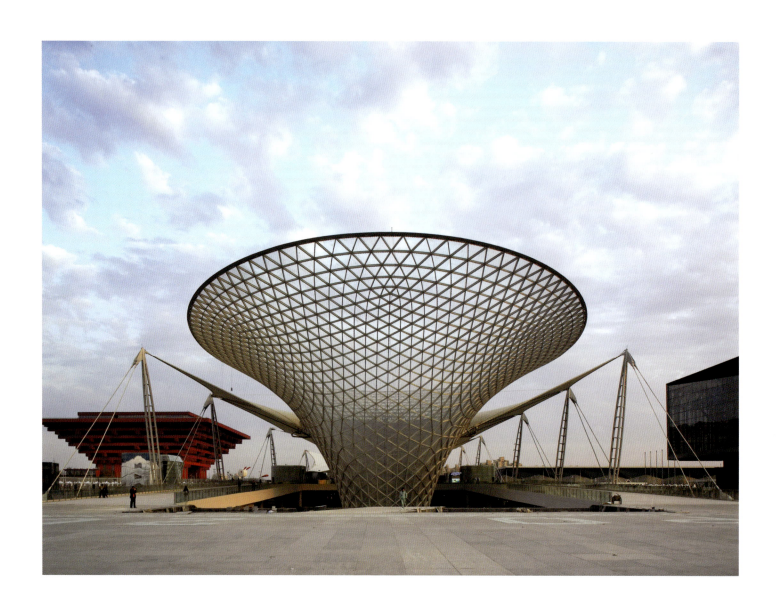

世博轴这个超大尺度的空间，既要体现雄壮，又要使得人在其中不感到渺小，这需要处理人、自然、技术三者的关系。

阳光谷总高度为41.5m，最大的一个阳光谷最高处直径达90m，基座处的椭圆长轴达20m左右，其中5个阳光谷是椭圆，一个是正圆基准的负高斯双曲面。自由轻盈的形态，仿佛随手勾勒的旋转曲线，其实蕴含了严密复杂的力学和结构原理。

漩涡只是河水的一种形态，而阳光谷不仅仅是一种形态，它还要把阳光、空气乃至雨水引入地下，用绿色环保理念，打造一个绿色之谷。阳光谷的造型更多地因为功能上的需求，与地面相比，地下很难做到空气新鲜，也很少有自然光进入，通过建造阳光谷，就是要把阳光、空气等地面上才能享受的环境要素引入地下，使地下空间拥有与地面上一样的高品质。阳光谷顶部相当于一个足球场大小，能充分吸纳阳光、空气和雨露，并把它们自然地延伸至地下，即使游客行走在地下，也能看到头顶上的那一片苍穹，地上地下的界限在人们的感觉中被打破。

阳光谷也是一个很好的生态建筑。考虑到世博会期是从5月到10月，期间正值上海高温多雨的季节，大多数雨水通过阳光谷汇集到下面的水渠，经过净化，用于清洗车库、道路、浇灌绿化等，节约了水资源和能源。在世博轴的建造过程中，还采用了地源热泵结合工程桩技术，空调的冷热源不再依靠烧煤或烧油的锅炉，而是从地下取得。

因为附近没有放置冷却塔的合适地方，而且就是放置，也容易影响景观。没有了冷却塔，传统的空调模式就需要改变，而地源热泵结合工程桩技术就是在桩基施工中，将水管结合到桩上，埋入地下，形成约600m的封闭系统。地下较深处温度基本恒定在15℃左右。夏天水打下去，在水管里水的温度会降低，就变成夏天空调的冷源，而冬季正好相反，成为热源。此外还有江水源热泵，利用黄浦江深层的水温也是相对恒定的，也可以作为冷热源。

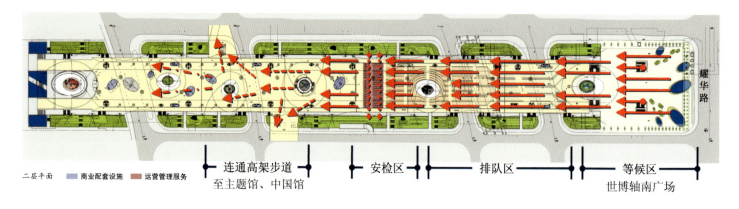

二层平面　　■ 商业配套设施　■ 运营管理服务

|← 连通高架步道 →|← 安检区 →|← 排队区 →|← 等候区 →|
至主题馆、中国馆　　　　　　　　　　　　　　　　　　世博轴南广场

耀华路

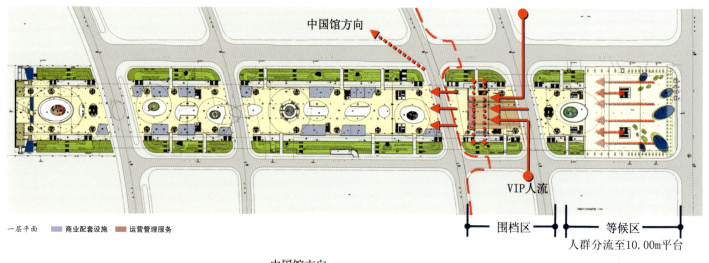

中国馆方向

VIP人流

一层平面　　■ 商业配套设施　■ 运营管理服务

|← 围档区 →|← 等候区 →|
人群分流至10.00m平台

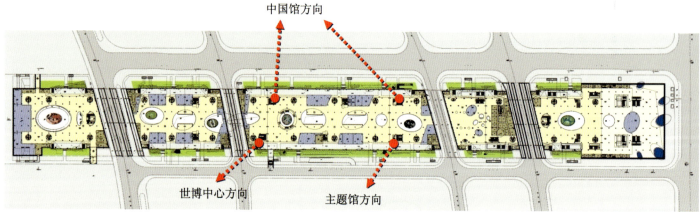

中国馆方向

世博中心方向　　　主题馆方向

地下一层平面　　■ 商业配套设施　■ 运营管理服务

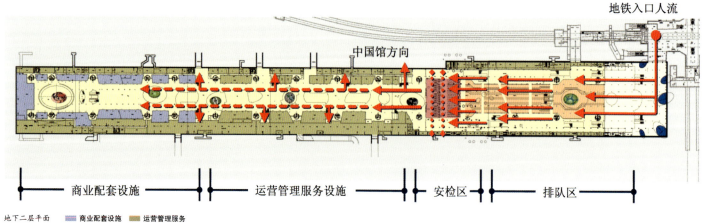

地铁入口人流

中国馆方向

|← 商业配套设施 →|← 运营管理服务设施 →|← 安检区 →|← 排队区 →|

地下二层平面　　■ 商业配套设施　■ 运营管理服务

058

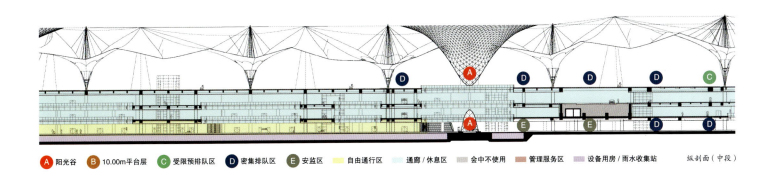

A 阳光谷　B 10.00m平台层　C 受限预排队区　D 密集排队区　E 安监区　　自由通行区　　通廊/休息区　　会中不使用　　管理服务区　　设备用房/雨水收集站　　　纵剖面（中段）

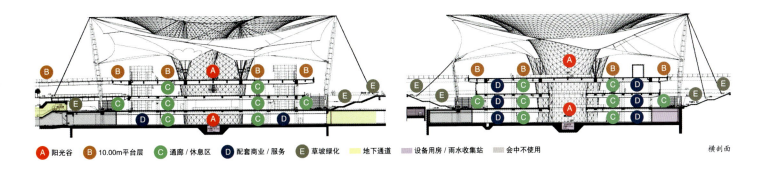

A 阳光谷　B 10.00m平台层　C 通廊/休息区　D 配套商业/服务　E 草坡绿化　　地下通道　　设备用房/雨水收集站　　会中不使用　　　横剖面

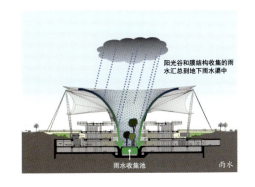

阳光谷和膜结构收集的雨水汇总到地下雨水渠中

雨水收集池　雨水

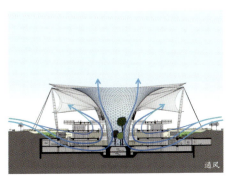

通风

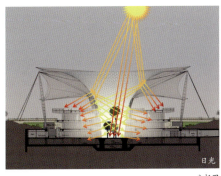

日光

分析图

国家（地区）馆
State (District) Pavilions

Shanghai World Expo 2010

阿联酋馆
UAE Pavilion

Zone A

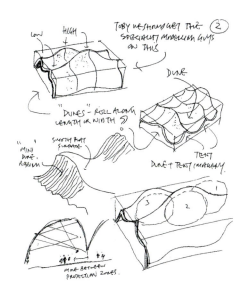
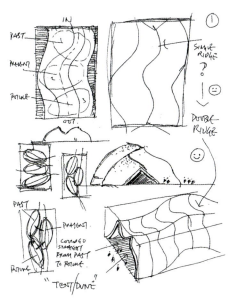

地点：浦东 A 片区
占地面积：6000m²
建筑面积：3950m²
建筑高度：20m
外方设计单位：Foster+Partners Ltd.
中方设计单位：上海现代设计集团华东建筑设计研究院有限公司

阿联酋馆是上海世博会规模最大的外国自建馆之一，占地面积超过6000m²，位于浦东A片区，与中国国家馆隔路相望。它的外形灵感来自7个酋长国共同的宏伟自然特征——沙丘。外形特征配合内部展示，由古而今地诠释"城市，让生活更美好"的世博主题。

阿联酋馆由3个连绵交织的沙丘坡面组成，为了体现逼真的效果，展馆在外形上仿效了风向造就沙丘的特征，即沙丘的迎风面在风吹作用下时，呈现光滑表面；沙丘的背风面在沙子推动过程中因顶端沉积的沙子塌陷，形成美丽的波浪状纹理。

在设计时，运用了日照分析研究以降低建筑能耗：沙丘的弧度对应太阳而面北，南面的实幕墙面阻挡了直射光线，非直射光线通过一个类似鲨鱼鳃的百叶系统进入室内。

外壳的彩色不锈钢面板将在夏日阳光下，变幻出沙漠特有的玫红色彩和浓烈热浪。为了更接近细沙的质感与色彩，设计师采用了玫瑰金色的Granex预制板材。该不锈钢面板上涂覆了一层透明氧化膜，氧化膜厚度不同，通过折射带来细腻的色彩差别，这一特性正好模仿出沙丘流动的光感。色彩的呈现是建立于独特的面层材料，而不添加任何涂料、颜料或染料，可以抵抗紫外线破坏且不褪色。

看似奢华的阿联酋"沙丘"，使用的都是可

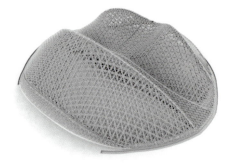
sprinkler system disassembled

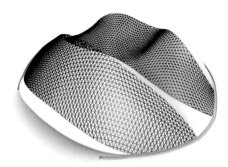
soffit panels removed

gridshell disassembled

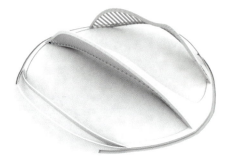
main members of the structure disassembled

foundation demolished and recicled

UEA Pavilion site on EXPO 2010 cleared and pavilion relocated

循环利用的环保材料;"构件拼装"的方式也减少了现场施工时间,便于在世博会结束后拆卸运回阿联酋,重装成为一座文化中心,这体现了建筑可持续发展的理念。

3个"沙丘"对应了内部的3个展厅,大跨度的空间曲面结构体系提供了建筑技术上的极大表现力。阿联酋馆内部将通过这一巨大的富有想像力和多样人文元素的环境演绎阿联酋人的生活和梦想,与世界分享其魅力。其中第一展厅是影院,这里的座椅将由竹子拼成,与走廊平行的座椅是可伸缩的,以方便使用轮椅的公众通过。照明安装在长椅下,光线得以通过竹子中间的缝隙。顶棚上有一条光纤的星空设计,届时会展现阿联酋在某一特殊时间、特殊地点的夜空。当观众离开时,他们将看到一个沿出口区域弯曲的灯箱,它呈现出一个全景的阿联酋图像。

阿联酋馆的灯光设计也非常特别,构建出了标志性的展馆特征。阿联酋馆基地西南侧为园区高架人行步道,东南侧为园区主要车行道路,东北侧毗邻公共广场,两个主出入口分别设置于东角高架步道和北面公共空间,由此在这两个方向塑造出一个强有力的形象。通过反复模拟实验研究,决定使用8排灯光对准建筑进行投影。为了避免对广场上的观众产生眩光,将灯杆定为约5m。

灯光设计的最终意图是将观众吸引到建筑里面去参观展品,为此,建筑还通过入口的玻璃门、北墙上的垂直开口和踢脚线下面,从内部发光加以引导。发自建筑周边下侧的灯光也会将其与地面分开。夜幕降临时,"沙丘"便仿佛腾空而起,梦幻般地浮于夜色中的世博园。

(文/李瑶)

Shanghai World Expo 2010

阿曼馆
Oman Pavilion

Zone A

地点：浦东 A 片区
占地面积：2000m²
建筑面积：2348m²
层数：1层，局部2层
设计单位：城市霓虹中东 W.L.L 设计事务所

阿曼馆是一座融合阿拉伯特色与现代风格的展馆，其建筑理念来自于阿曼的"Ganjah"。这是阿曼传统的大型单桅三角帆船，它象征着乘风破浪的阿拉伯帆船，飘洋过海来到上海，带来阿曼的特色建筑、艺术、文化和永远的友谊。展馆外部将一前一后罗列阿曼历史上具有重要意义的两座城市：曾被誉为"通往中国门户"的港口城市苏哈尔的高塔居前，阿曼旧都奈兹瓦的标志性圆塔居后。展馆外部的蓝色玻璃则让人联想起阿曼传统航海古船漂亮的船头。

阿曼馆是座兼具阿拉伯特色和现代风格的特色展馆，展现了阿曼古城、沙漠之城、山川之城和海岸之城，旨在追溯阿曼从古至今的悠远历史，捕捉阿曼的内在美，了解其深厚的传统文化，通过建筑物、道路、绿化系统和空间环境的内在联系构成一个完整的有机整体，树立起阿曼的国家形象。阿曼馆还以集中展示阿曼城市发展的成就来显现其对居民、游客及海外投资者的魅力。

展馆主要由三个展厅组成，第一展厅将带领参观者领略阿曼多样的地貌特征和自然风光——从荒凉的沙漠到遥远的群山，从美丽的海洋到南部佐法尔地区丰富得令人赞叹的亚热带地理特征；步入第二展厅，参观者将感受阿曼的历史文化积淀，这一部分重点展示的是阿曼的文化社会遗产等；第三展厅则将介绍阿曼人如何通过对资源的可持续利用实现与自然的和谐共处，让参展者带着对未来的思考结束整个旅程。

Shanghai World Expo 2010

澳门馆
Macau Pavilion

Zone A

总平面

地点：浦东 A 片区
占地面积：637m²
建筑面积：1265.5m²
建筑高度：19.99m
层数：5 层
境外设计单位：马若龙建筑师事务所
境外建筑师：马若龙
内地设计单位：同济大学建筑设计研究院（集团）有限公司
内地建筑师：王文胜、赵承宏

作为中国馆的组成部分之一，澳门馆以"玉兔宫灯"方案作为外形设计蓝图，其设计灵感来自于华南地区古时的兔子灯笼。兔子是古今中外人们乐于运用的吉祥动物，设计师认为它是和谐兼容的象征，机灵通达的化身，如果将上海世博会中国馆比喻成神话中的南天门，那澳门馆就犹如在南天门旁的一只仙兔，与中国馆一起共同迎接世界各方的来宾。

澳门馆外层以双层玻璃薄膜为材料，可以不停地更换颜色，外墙亦是一个荧光屏，可不停地展示不同的影像。兔子的头部和尾部是一个气球，可以任意上升或下降，以此吸引来宾。内部由一条螺旋形长斜坡组成，由地面可直达上层平台，斜坡两旁均有展示器。这一条螺旋形长斜坡亦是一个舞台。世博会期间，展馆工作人员会分发给来宾每人一个小兔子灯笼，来宾拿着兔子灯笼在螺旋形长斜坡上移动时，点点灯光就连接在一起，形成一幅有趣的画面。"玉兔"的内部中央位置有一个虚拟实景播放空间，使访客感受到不一样的体验。顶层是一个天幕播放室，人们可以躺下休息和欣赏电影。

澳门馆同样贯彻着环保的理念。馆外层上半部分将太阳能板作为装饰和能源提供源，馆内还有一个雨水收集器，用作水循环再利用；澳门馆建造时就以铁金属为主材料，节约了很多耗水的材料，世博会后，所有建筑材料都可循环再用，避免了大会结束后建筑材料成为又一个污染源。

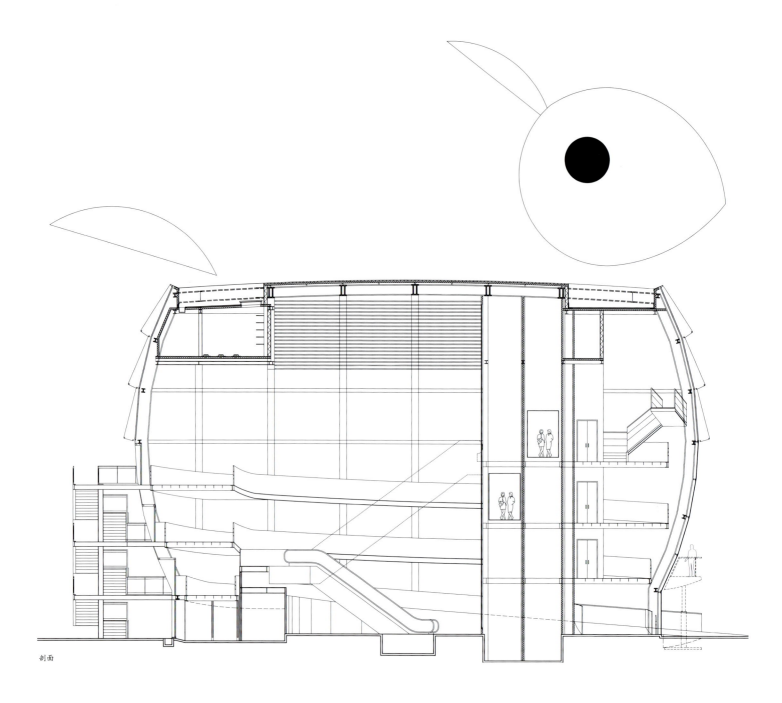

剖面

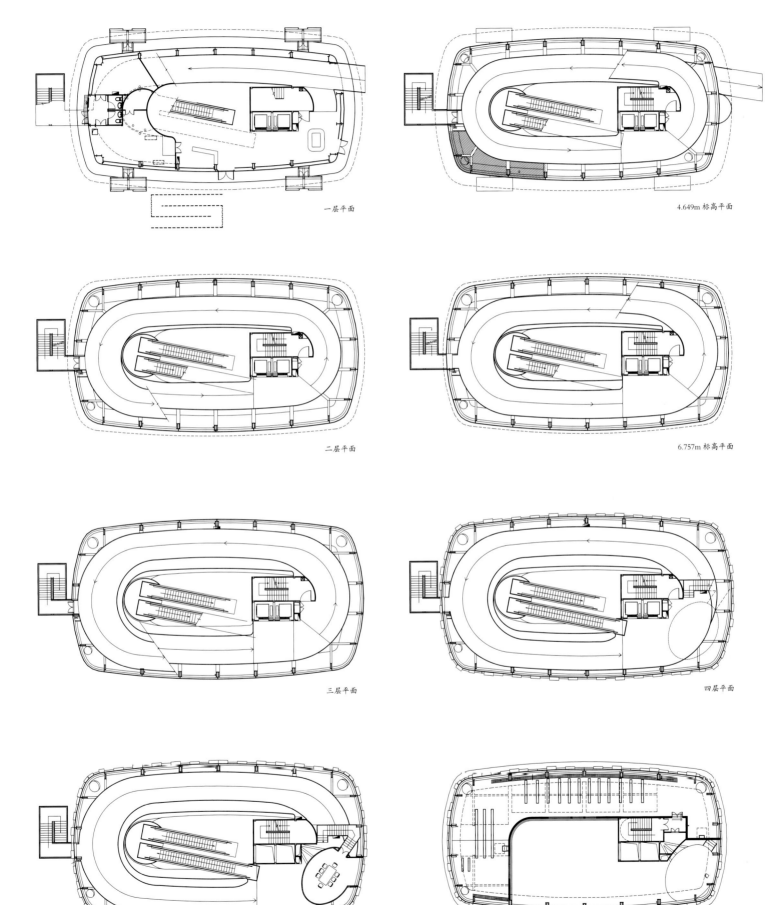

一层平面

4.649m 标高平面

二层平面

6.757m 标高平面

三层平面

四层平面

13.000m 标高平面

五层平面

Shanghai World Expo 2010

韩国馆
ROK Pavilion

Zone A

位置：浦东 A 片区
占地面积：6000m²
建筑面积：5780 m²
建筑高度：7.2m
层数：3层
外方设计单位：Mass Studies
外方建筑师：Minsuk Cho, Kisu Park
中方设计单位：上海兴田建筑工程设计事务所
中方建筑师：王兴田、杜富存、张峻、何思强、苏晓宇、王金蕾、洪炜、王刚

韩国馆位于浦东 A 片区，毗邻日本馆和沙特阿拉伯馆，并靠近中国馆。该馆占地6000m²，是博览会基地里最大的区域之一。基地的周边环境优美，能很好地观赏远处的黄浦江与上海摩天大厦的优美景色。

受中国的大陆文化和日本海洋文化的影响，在国际全球化的趋势下，韩国将渗透其中的国外文化逐渐混合掺杂，定义当代韩国社会。因此，韩国馆的设计以"融合"为主题。建筑设计为"符号"和"空间"的融合体：符号即为空间，空间即为符号。

韩国字母是韩国馆里"符号"的主要构成要素。总体上看，韩国馆被设计成一个高出地平线 7.2m、融合这些韩国字母的建筑.它利用符号来创造展览空间，从而游客可以通过横向、纵向和对角线运动体验其几何感。构成韩语的初级形状字母与其他文化是共通的，这就形成了一种相对开放的姿态，来迎接到来的每一个人。

韩国馆的表皮由两种要素组成：韩国字母和艺术图案。韩国字母以白色的铝板为材料，通过浮雕以及字母的大小尺寸，构成四种不同的组合方式，形成建筑的外围装饰构件。另一部分外围装饰由艺术图案组成，这些 45cm×45cm 的铝板是由韩国艺术家 Ik-Joong Kang 所设计。他因创造由小型手绘瓷砖形成的大块的艺术墙而闻名，这些瓷砖或者通过自我创造，或者通过收集来自世界各地的作品而获得。约 40000 块这种小单元体组成建筑表皮，令整个韩国馆焕发出明亮的色彩，同时带来希望和团结感。由于光线和阴影会创造不同的纹理，表皮将在白天和夜晚创造出不同的氛围。LED 照明被安装在韩国字母的后面，在灯光的变化下，形成了一个个不同的字母，进而使整个展馆成为巨大的符号信息空间。

地图是描绘空间的方式之一，设计师将底层的水平架空空间作为一个标志，将有特色的韩国城市通过抽象的，缩小至 1/300 三维地图作为其表面来实现。而包括展览空间在内的建筑的其他部分，被建造在地坪 7m 以上，因此底层架空空间形成一个由地图包围的 40m×77m 的自由且开放的空间。地图成为融合表达山、水和一个密集的都市地区的半室外景观空间。架空层被主要的建筑体量所覆盖，大面积的阴影形成了凉爽的休息空间。一条模仿韩国汉江的景观水带从一个角落向另一个角落流过，这条水带宽 5m，长 79m，贯穿整个底层。起伏的"山坡"有助于游客在排队进入上面的展览空间的时候就开始欣赏展览，以改善大多数游客花更多的时间等待而不是观看展览本身的这种传统观展模式。空间中还设有一系列的 LED 显示器，一个大屏幕和两个 LED 水幕，以协助游客交流与参观。

进入二层的展览馆，一个巨大的 2700m² 展览空间便会在面前展开，展览空间是完全黑暗的，为不同的展览提供可调控的环境。展览空间是一个展开的、开放的平台，接待来来往往的参观者。三层设有贵宾休息室，新闻发布室，会议室，技术人员及行政人员办公室等。

展览空间的另一端是一个餐厅，它自己形成一个独立的运营系统，人们通过室外楼梯，可以直达餐厅，也可以继续登上屋顶花园，在这里俯视黄浦江，远眺上海摩天大厦的风光。

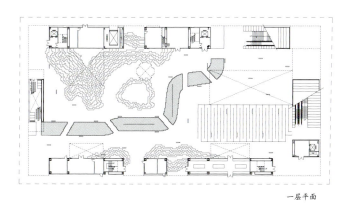

一层平面

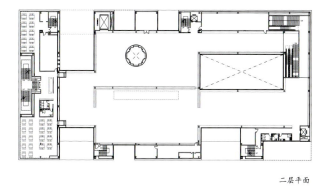

二层平面

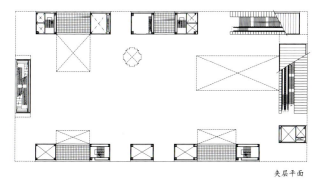

夹层平面

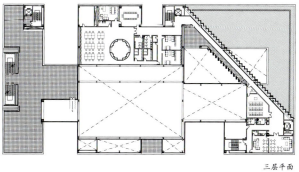

三层平面

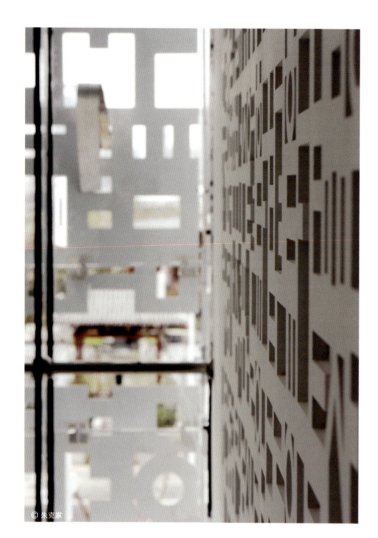

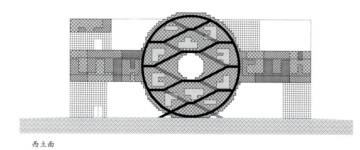
西立面

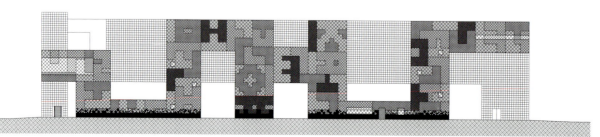
南立面

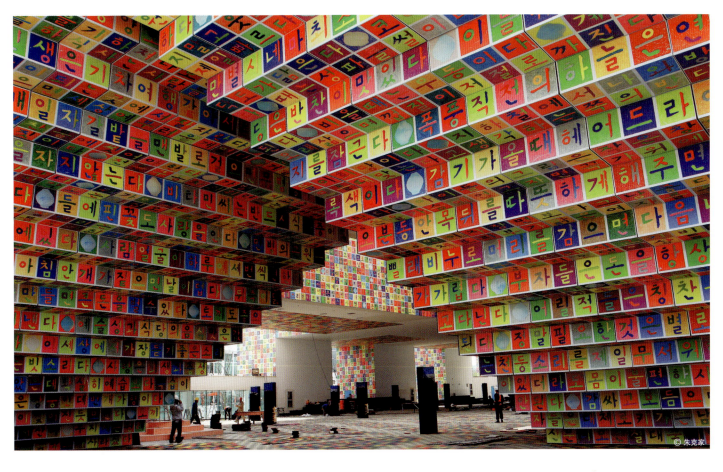

Shanghai World Expo 2010

日本馆
Japan Pavilion

Zone A

地点：浦东 A 片区
占地面积：6000m²
建筑高度：24m
设计单位：株式会社日本设计
建筑师：小林利彦

日本馆名为"紫蚕岛"。从外形上看，呈现出了像蚕茧一样的生命体形态，由六个呼吸柱及三个"触角"般的突起物支撑组成；从结构上看，比较特别的是这些两端放大、中间纤细的钢质呼吸柱，它们起到柱子般的支撑作用。底部喇叭形状的结构，在扩大与地面接触的同时，也巧妙地分散了竖向荷载，从而撑起整座建筑。选用这种结构的初衷，一方面是由于上海土质松软不易打桩固定，另一方面也是考虑到日本馆的临时场馆性质。运用这种轻质的结构，可以免去传统建筑的地基工程量，在世博会的半年会期结束后，可以更加便捷和环保地拆除它。所以结构本身也是日本馆在环保方面对世博会主题"城市，让生活更美好"的诠释与展示。

这些呼吸柱被称为生态管（Eco Tube），传达了日本馆的环保理念，可以利用"光"、"水"和"风"三个元素进行真正的呼吸。在"光"的运用方面，这些筒状的呼吸柱结合了表面的曲面膜结构，使阳光可以层层反射，并柔和地汇集到日本馆内部，直到建筑底层。在"水"的运用方面，主要是针对雨水的收集和循环利用，通过这些呼吸柱和建筑顶部曲面结合，可以方便地汇集自然降雨到呼吸柱底部的集水箱，再通过系统管道运行将汇集的雨水从屋顶散落，如此循环反复利用，为整座建筑体降温。在"风"的运用方面，体现在气候炎热的情况下，由于呼吸柱顶部受到阳光直射，辐射出高温热量，同时在呼吸柱底部气体温度又比较低，这时呼吸柱就可以起到拔风井的作用，带动气体由底层向上蒸发，降低建筑体的空调负荷，从而实现真正意义上的"呼吸"。

日本馆的外膜运用的是双层皮膜（Super Membrane Roof）。在这两层 ETFE 透光膜中间夹有超薄的太阳能电池可以用来发电。在膜的表面涂了一层光触媒，它的原理其实和北京水立方的外膜是一样的，体现尽可能利用清洁能源的理念，同时颠覆了传统概念中太阳能电池深色、巨大、单一的板状形态。

日本馆的外墙一改日本建筑常用的灰色而选用紫色。紫色是一种高贵的颜色，在不同角度的阳光照射或不同颜色的映衬作用下，都会给人差异很大的色彩感。由于各个国家馆颜色各异，结合整个世博园区大面积的绿化，整体色调较轻，而紫色色调相对较重，会十分显眼。可以想像，建成以后，建筑外墙的紫色将与建筑内部展示灯光结合，呈现出十分丰富的色彩变化。

日本馆的空间设计非常具有日本特色。在二层展厅的空间外部，有一块处于过渡位置的等待空间，类似于日本传统建筑出檐下的"庇荫"空间，它既非外部空间，也非内部空间，而被称为中间领域。设计师重点设计了中间领域，使人们的等待更加舒适，这展现了深层次的典型的传统日本风格。（文 / 刘雅静、姜楠）

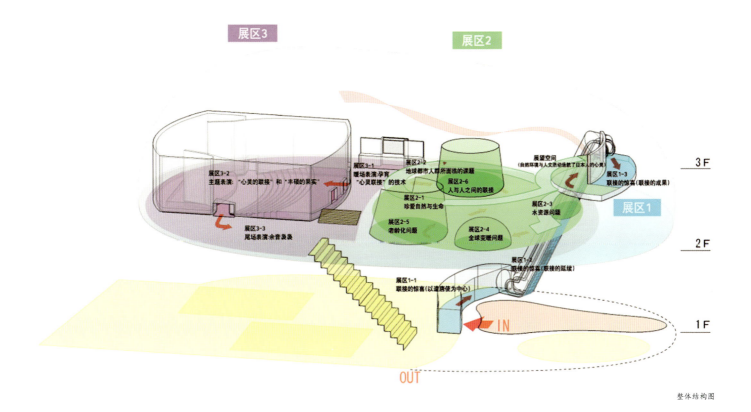

整体结构图

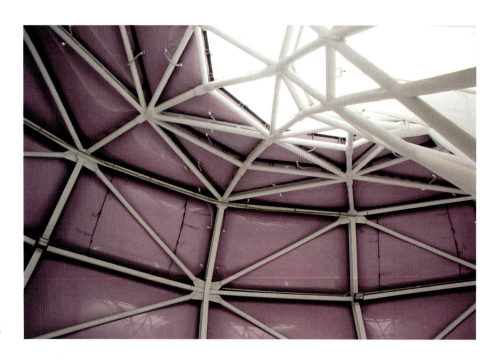

Shanghai World Expo 2010

沙特馆
Saudi Arabia Pavilion

Zone A

位置：浦东 A 片区
占地面积：2724m²
建筑面积：6126.1m²
建筑高度：20m
层数：3层
设计单位：中国电子工程设计院王振军工作室
　　　　　北京时空筑诚建筑设计有限公司
设计指导：Dr. Mohammad Alissan Alghamdi、张建元
文化顾问：沙宁华（中国江苏国际集团）
　　　　　付志明（北京大学）
总设计师：王振军
现场负责人：张会明、邓涛
建筑师：王振军、张会明、董召英、孙成伟、
　　　　李华、权薇、朱谓、贾晓艳

　　世博会是人类的一个盛大狂欢节日，各场馆设计师都希望将其塑造出独特的场所精神，从而使之成为各个国家文化的容器。素有"石油王国"之称的沙特阿拉伯此次呈现给大家的是一艘象征着吉祥、富足和幸福的"丝路宝船"。"丝路宝船"朝向圣城麦加方向，寓意着沙特向着绿色的美好未来乘风破浪。

　　沙特阿拉伯是中国古代"海上丝绸之路"中最重要的驿站之一。方案借用阿拉伯神话故事中的"月亮船"形象，作为沙特文化和中沙两国友谊的载体，现在，它穿越时空，漂浮到了中国现代之都——上海。

　　该设计用一种轻松的建筑语言描绘了阿拉伯神话中的月亮船由富饶的阿拉伯半岛漂浮至东方时尚港口的场景。极具动感和未来感的体量漂浮在地表之上，与屋顶的树木一起为周边创造出大量的阴影，调节了微气候，在炎热的季节给人们带来清凉。室内外参观流线围绕中庭环形布置，进出人流有序分离。阿拉伯风情的场地景观、开敞的表演及展示平台、屋顶真主的花园为人们创造出不同性格的空间。整个场馆空间设计从开敞城市空间—场地空间—中介空间—室内空间—屋顶空间都充分强调展示空间的层次感和场所感的塑造，畅游之中的人们在城市与建筑的内外空间转换中享受着城市生活的美好和丰富。

　　设计师从精美的伊斯兰古代建筑中提取的装饰纹理，附着在建筑表面上，高雅精致，有极强的伊斯兰文化特征，同时有效减弱了东西向日晒。

　　沿世博会人行高架平台下行，游客们从西南侧广场进入，通过起伏的环行坡道沿穆斯林朝拜的顺时针方向依次排队等候，这时在公共平台上展演的民族歌舞，可缓解等待带来的焦急和枯燥，从而确保等待过程也极富观赏性。场馆为架空结构，在上海高温、高湿季节可在西北侧形成巨大的阴影区，同时，展示平台周边的喷雾和瀑布对这一空间同时起到了降温作用。结合景观在表演平台前方设置了阶梯看台，并充分地考虑了各方位角度观赏效果，将舞台的相对高度定为1m，确保各区域游客的欣赏视线达到最佳。参观过灰空间的歌舞展示，游客们沿上行坡道循环参观进入室内展示空间。

　　在构思室内空间时，设计师突破了空间展示的传统模式，利用船体本身优美的形体作为展示屏幕，自动步道架空其上，环绕而行，用非常独特的室内展示手法，创造了独特的全景融入参观体验。

　　在欣赏完快乐的人间花园和繁荣的现代沙特之后，游客们可以继续感受让人神往的美好世界——真主的空中花园。这里是一片和谐的生态绿洲，虔诚的教徒们可以站在这里朝"船头"所指的方向——麦加朝拜。一个精致典雅而又极富异域特色的观光休息平台展现于此，不但增加了展馆的空间情趣，又恰到好处地补充了这个区域的登高望远功能。

　　沿下行坡道进入1.0m平台出口处，那里是纪念品店以及休闲区。场地及建筑在东侧设有VIP出入口，VIP客人可在接待厅内乘观光电梯直接进入场馆进行参观，从而避免了与普通游客流交错而产生的不必要的混乱。在1.0m平台一侧，设计师还设置了无障碍电梯，方便残障朋友们直接进入场馆。

　　展馆中庭大气实用，不但满足了消防疏散的各项规范要求，还解决了采光问题，并充分利用空气流通原理，降低了空调能耗。各层参观流线沿圆形中厅环行布局，游客循环移动，便捷顺畅，既利于管理和疏散，又适应了博览会人员密集的特点。（文／王振军、张会明、董召英、孙成伟）

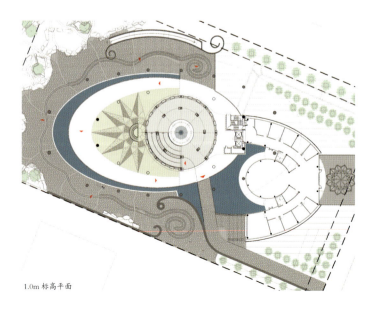

1.0m 标高平面

19.2m 标高平面

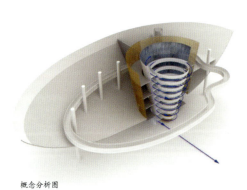

概念分析图

剖面

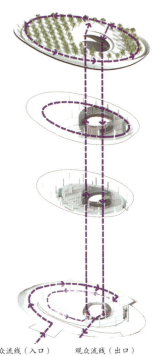

观众流线（入口）　观众流线（出口）

展览流线分析图

Shanghai World Expo 2010

台湾馆
Tai Wan Pavilion

Zone A

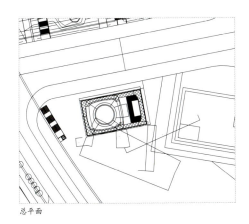
总平面

地点：浦东A片区
占地面积：658 m²
建筑面积：1400 m²
层数：4层，局部5层
设计单位：李祖原联合建筑师事务所
建筑师：李祖原

台湾馆位于浦东A片区，紧邻世博轴和车站的出入口，是人潮往来的要道。该馆由台湾建筑师李祖原带队设计，其创意是以东方哲学为主轴，将城市进步的动力抽象到心灵层面，表现本届世博大会主题"城市，让生活更美好"。

具体到建筑结构，台湾馆的设计对应"天、地、人"的理念，分为三大部分：LED大球悬挂在馆内上方，代表"天"；中间的点灯水台是人们祈福放灯的场所，代表"人"；底层的城市主题广场则代表"地"。这一设计展现了我国古代以"天、地、人"为代表的三元论世界观。

台湾馆提倡未来城市文明"回归自然、回归心灵"，它的外观就像是一个超大型天灯，刻有山棱线的山形建筑、巨型玻璃天灯与LED球体组成了建筑主体。在代表山形的长方体建筑外墙上，游客们可以清楚地看到以玉山、阿里山等台湾名山为原型的棱线。

在建筑师的心中，台湾馆是由山、水、心灯构成，展现台湾地理上有山、有水以及台湾文化民俗的多姿多彩。台湾馆的展示主题为"山水心灯"，七大展示内容分别为山水剧场、点灯水台、台湾之心、台湾之窗、心灵剧场、城市主题广场和城市艺廊，其中心灵剧场、点灯水台和城市主题广场是重点展示区域。"山水心灯"在外部形式上，呈现出多层表达的多媒体展演。

透过心灯透明率60%的外膜与高流明LED球体"台湾之心"，两者虚实互生的动态展演，呈现出万千蝶舞、海洋守护、台湾花布、自然永续与民间艺术的多种影像，向世界传递台湾多元自然及生命图像，并展示宝岛昼夜不同的多样风情。此外，台湾馆以"山水剧场"作为守护"心灯"的建筑基台，以玉山、太平洋为隐喻，以台湾艺术表演为主角；彰显"未来城市"中回归自然的和谐生活。这些都无疑将吸引众多海外游客观赏、品味中华文化的博大精深。

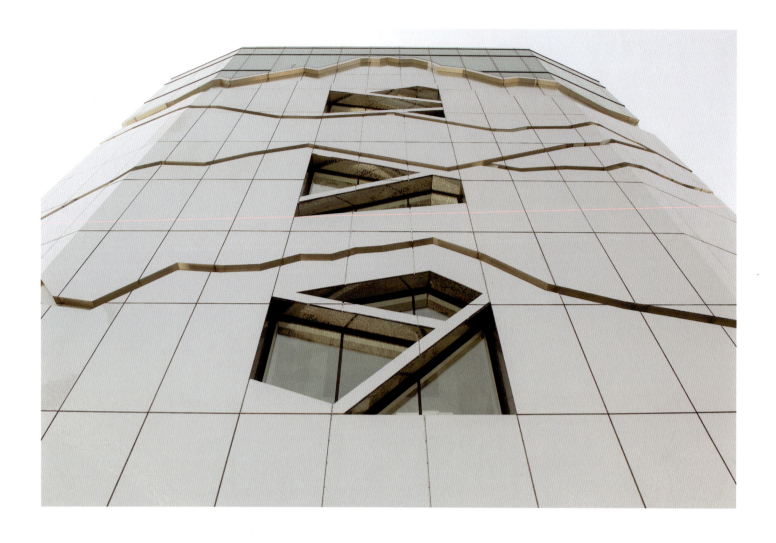

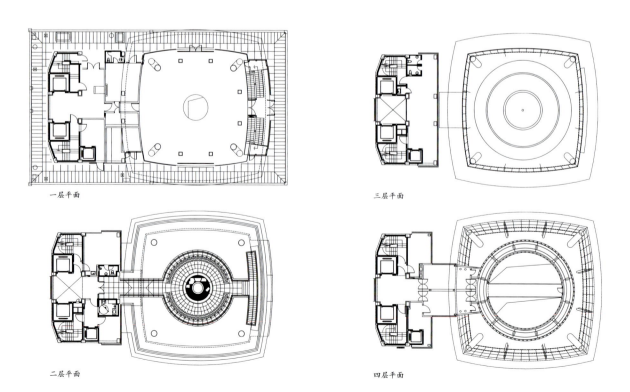

一层平面

三层平面

二层平面

四层平面

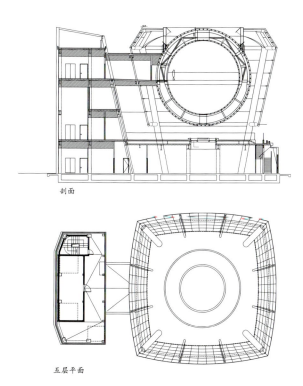

剖面

五层平面

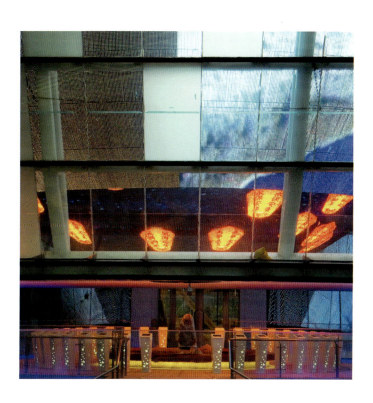

Shanghai World Expo 2010

香港馆
Hong Kong Pavilion

Zone A

地点：浦东 A 片区
占地面积：637m²
建筑面积：1390m²
建筑高度：18m
层数：3 层
设计单位：王欧阳（香港）有限公司
建筑师：陈维正、施琪珊

作为中国馆的组成部分之一，香港馆此次以"无限城市"为主题，建造了一个能够凸显香港特色的展览馆。

展馆外形呈现代简约风格，设计虽然受到面积的限制，但视野开阔，豁然通透。建筑主体矗立在黑色的基石上，反照池环绕四周。顶层和底层的外墙以多层绉折的铝板预制结构和玻璃构成，象征香港高楼林立，市容紧凑。根据设计者的构思，香港馆的中层会尽量通透，并利用上下镜面的反光材料制造成倒影，将建筑外的景象反射到建筑内，构成独特的视觉效果，以此象征香港无限想象和创意空间。

展馆的三层展区以不同主题让观众体验香港的内通外连与创意无限的城市特质。底层的主题是"有形的联系"，展示香港与国内及全世界的联系，带出香港馆无限潜能的主题；中层的主题是"无形的联系"，展示香港在资金、货品、人流及信息的自由来往，意念与知识的交流；顶层以"与自然的联系"为主题，展现在香港这个建筑物稠密的都市，蕴藏不少天然资源，多达七成面积是绿色地带、湿地和林区。晚上，展馆外墙灯光不停转变，象征香港景色丰富多端。

展馆的设计有多个可持续发展特色，其外墙绉折铝板与玻璃分隔，让空气流通，天气炎热时，有助散热；穿孔铝板使自然光能进入室内等候区和主要人流来往部分，减少人工光源的使用；环绕展馆的水池和外立面的两道落水景观，可发挥降温的效果；屋顶太阳能光伏特板提供环保电源；绿化顶层减少反射面及热力吸收平面，提供隔热作用，减低热量进入馆内。

Shanghai World Expo 2010

以色列馆
Israel Pavilion

Zone A

地点：浦东 A 片区
占地面积：2000m²
建筑面积：1200 m²
高度：24m
设计单位：Haim Dotan Ltd.
建筑师：Haim Dotan

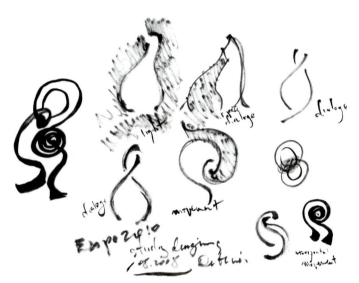

以色列国家馆是一幢充满着创新和未来元素的建筑。展馆由两座如同环抱在一起的双手的流线型建筑体组成，安详而和谐，把以色列从"创造到创新"的发展过程演绎得淋漓尽致，展示了一个远古民族如何从建立犹太国家到发展现代民主再到欣欣向荣的社会，通过不断创新迎接未来的挑战。设计师认为："这就是我们设计的展馆主题——对话。这个展馆不仅是关于展览，而且是哲学、文化、遗产，是未来与过去的对话，在天空和大地之间，在人与人之间，在人与自然之间。"

犹太人在安息日会食用特殊的麻花状面包——哈拉，设计师则将这个代表着神的恩赐的形状带到了世博会，并以此向中国和以色列两个历史悠久的国家致敬，而这个形状也同时代表了两者之间的对话。

展馆的主体建筑高度为24m，分成两个独立而又互相连接的空间，一边是原石砌造，直接从采石场上挖来、不经任何加工的石料拔地而起，而另外一边则用透明的玻璃覆盖。这两种截然不同且相互冲突的材质纠结在一起，不仅是一种对话，更造成强烈的视觉冲击。

在以色列馆旁边有一条悬空的人行道，所有外面的行人都可以直接看到内部的展览。虽然里面的人和外面的人不能直接交谈，但这也形成一种对话。同时，玻璃墙上还会放出多媒体动画。

进入展馆内部，首先就是那个以 PVC 玻璃覆盖的空间，名为"光之厅"，该厅将展示以色列的主要旅游景点，以及对以色列土地的历史描述和丰富的犹太文化遗产，例如《圣经》、耶路撒冷和爱因斯坦。

最后，参观者会来到"创新厅"，主展厅高 20m，可以容纳 300 人，由天然石块搭建而成，象征着与地球、历史的联系以及对自然资源的循环利用。这里是展馆的高潮部分，每一个参观者之前的光球中都会出现一个以色列人物形象，从儿童、医生、科学家到工程师，他们会用汉语和希伯来语与参观者交谈。然后，更多的光球会从天而降，并且开始进行大概 10 分钟的 360° 多媒体展示，每一个光球都代表着以色列在农业、食品、医药、太阳能以及绿色能源、科学、音乐、文学、高科技、通信和安全等各个领域内的创新和技术突破。

在主体建筑前，有一片启迪花园，安闲而宁静，环境宜人。弯曲的小径上方还会有遮挡日晒或雨水的顶棚。果园中种植了 54 棵芦柑树，展现以色列的农业特色。在树荫下休息乘凉的同时，游客们还有机会通过独创展品了解以色列在农业和环保方面的创新。

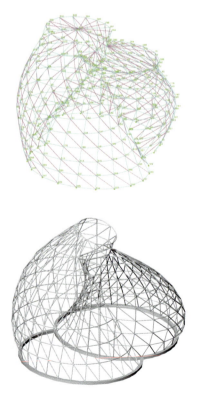

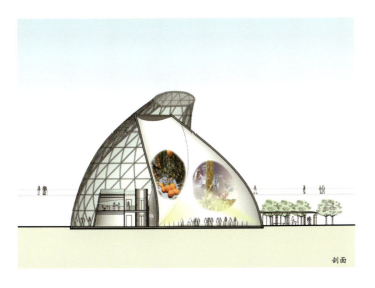

剖面

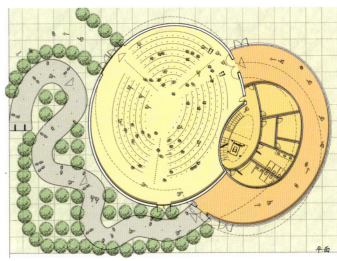

平面

Shanghai World Expo 2010

澳大利亚馆
Australia Pavilion

Zone B

地点：浦东 B 片区
占地面积：4800m²
建筑高度：20m
层数：3 层
设计单位：Wood Marsh 建筑事务所
　　　　　Think!OTS 创意设计公司
建筑师：Antony Martin

尽管毗邻宏大的中国馆，但澳大利亚馆仍然引人注目：这个占地达 4800m² 的场馆犹如澳洲沙漠中的艾亚斯巨岩。澳大利亚馆外部采用了一种特殊的耐风化钢覆材料，随着时间的推移、空气湿度的增加，建筑外部的颜色会从最初的橘色逐渐加深，最终呈现出浓重的红赭色，这与澳大利亚内陆独有的红土颜色相似。

这种红色的泥土是澳大利亚最具代表性的自然景观。即便是没有去过澳大利亚的人，都会在各种关于澳大利亚的图像资料中看过"北领地"那片遗世独立的红色沙漠以及在此之上生出的巨石——乌鲁鲁，而那种特别的红色泥土正是形成于这种风化石之中。

周长 9 km、地上高度 348m 的"乌鲁鲁"被誉为是世界上最大的单体岩石块，1872 年由澳大利亚探险家发现，遂以当时南澳洲总理亨利·艾亚斯名字命名为"艾亚斯岩"。不过，越来越多的澳大利亚人为了纪念开拓进取的澳洲土著文明，而更习惯叫它的土著名字"乌鲁鲁"。此次，崇拜自然力量的澳大利亚土著民族亦成为了设计师灵感的源泉，他们采用了最能代表土著文明的红土颜色作为澳大利亚馆外墙的主色调，以此与世博会追求人与自然环境和谐统一的主题相契合。

但是，要实现从橙色到赭红色的转变是需要现代技术支持的。澳大利亚馆外墙所用的材料全部由澳大利亚运至世博工地，待全部外墙铺设完成后，工人们就要在这种进口的特殊钢材上进行化学涂层处理，这种处理可以增加外观的生锈程度，但锈斑却不会影响钢材本身的质量。随着太阳、风雨、甚至是空气中湿度的影响，整个澳大利亚馆的外墙会逐渐结出一层锈斑。

澳大利亚国家馆的外墙材料进一步印证了人工环境必须顺应于自然因素的原理，澳大利亚馆的外立面所采用技术的最大的特点就在于体现自然对建筑的影响力。虽然是同一幢建筑，但由于每天承受的日照、风吹、雨淋等程度不一，氧化的程度也不一样，最后在外立面上便会结成一层深浅层次不一的红赭色锈斑，最妙的是，这样的效果却最真实地还原了大自

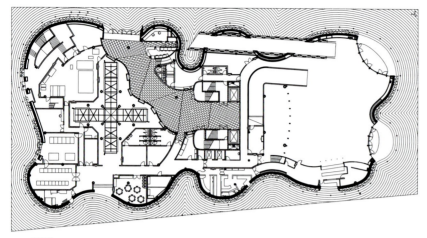

一层平面

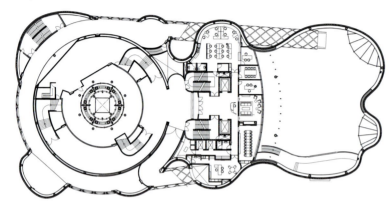

二层平面

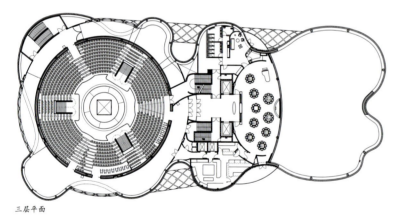

三层平面

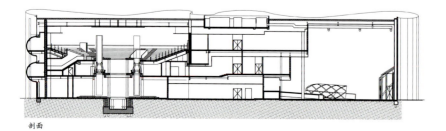

剖面

然中的红土颜色。这可以算得上是高科技与自然共同影响所产生的结果。

澳大利亚馆内部依然设计巧妙，创意团队Think OTS 设计了三个引人入胜的活动区——"旅行"、"发现"和"畅享"，为参观者讲述澳大利亚的故事。

第一个活动区"旅行"，使游客认识澳大利亚的历史并体会它的独特之处。展览纵贯了原住民历史及欧洲人定居后的澳大利亚历史，带领游客领略完全不同的澳大利亚，超乎人们先前的想像和认知。

第二个活动区"发现"便运用了高新科技，

为游客带来气势非凡的"视听盛宴"。游客可以全方位了解澳大利亚多个充满活力的现代化城市,在可容纳1000人的高端环形剧场中,游客也进一步感受澳大利亚这片充满想像力的热土。

第三个活动区"畅享",为游客带来宛若置身于澳大利亚城市及乡村美景的真切体验。参观者在此感受到了澳大利亚的自然美景、城市文化、友善的风土人情以及优越的生活质量。该区还特设一个舞台表演区域,来自澳大利亚的艺术团每天为游客带来澳大利亚丰富多彩的世界级艺术和文化演出。

113

Shanghai World Expo 2010

马来西亚馆
Malaysia Pavilion

Zone B

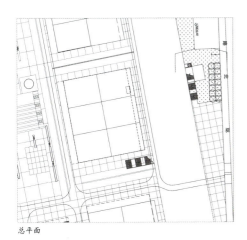
总平面

地点：浦东B片区
占地面积：3000m²
建筑面积：2149m²
建筑高度：23.85m
层数：2层
设计单位：华南理工大学建筑设计研究院
总负责人：韦宏、龙志华
建筑师：龙志华

马来西亚馆位于B片区，建设用地3000m²。地块平整方正，北向为高架步道，西邻新加坡馆，东邻新西兰馆，南面是世博园区中心广场。

展馆的主题是"和谐城市生活馆"，在设计上首先突出马来西亚的国家形象，让参观者看到场馆就能想到代表的国家。展馆的概念设计由马来西亚旅游局提供，其造型来源马来西亚的传统长屋，进行解构重组，再加以抽象化。屋面采用马来西亚传统印染的纹理，由蝴蝶、花卉、飞鸟和几何图案组成。

整个展馆造型，像两个相交的三角锥体。因此在设计上，屋盖结构由两个方向的斜屋架十字正交组成，斜屋架被设计为一系列平行设置的三角钢架，最大跨度32.8m，钢架之间由圆钢管系杆连接形成整体屋盖。除了山墙的四榀斜屋架由方管斜柱支承外，其他均坐落在从二层楼面伸出的钢柱上。两方向屋盖的顶部棱线均为下凹的圆弧，在标高13.475m的最低点相交，屋架最高点分别23.775m和17.425m，屋架坡度从最低点的43°渐次增大到最高点的57°，屋盖檐口标高为4.2m。

由于特殊的造型，展馆在空间与一般的规整空间不一样。整个展馆越往高处，空间越窄，因此，为了满足展馆功能上的需求，首层高度控制在5.3m，这样一来，二层才能有足够的使用空间，而不会让参观者产生狭隘的感觉。而为了给首层留出足够高的空间，钢梁高度控制在500mm以内，而且设备管道均从钢梁腹板中穿孔通过。部分通风等较大的管道则不采用常规吊顶的方式，而选择采用了预埋地下。

首层的外廊以及入口部分以伊斯兰清真寺为原型，展示伊斯兰作为马来西亚国教的重要地位。

展馆外部，为了达到有效的宣传效果，结合马来西亚馆特殊的外观造型，利用外观墙面作为露天放映屏幕，以吸引世博会游客。充分考虑到场地的利用率，场馆还设置了开放式的舞台及露天的茶座，既体现马来西亚当地风情，又作为一个吸引游客进入馆区的亮点之一。

主出入口设在展馆南面，所有游客需经由此入口进入馆内。由于场馆规模不大，一个出入口能有效地控制人流，同时方便各项检查检疫的工作。沿着围绕中心热带雨林形成的一条环形交通路线，可到达各个特色展示区。首层中部热带雨林区空间向上空延伸形成中庭，使二层的空间感更开阔，同时又能共享一层优美的绿化景观。在二层，沿着中庭环形走廊可通向展区、办公区、贵宾区、礼拜区。上下两层的环形交通，通过双子塔观光梯连接，垂直空间上形成纵轴与同心圆的优美的景观序列。

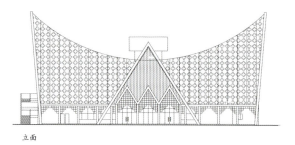

立面

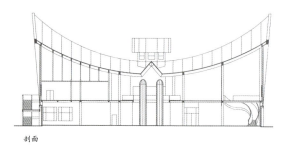

剖面

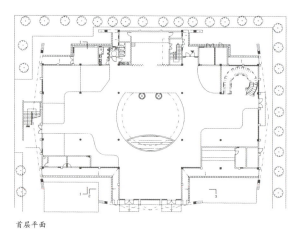

首层平面

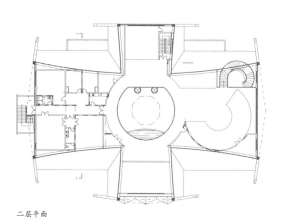

二层平面

Shanghai World Expo 2010

泰国馆
Thailand Pavilion

Zone B

地点：浦东 B 片区
占地面积：3117m²
层数：1层
建筑师：Kreingkrai Kanjanapokin

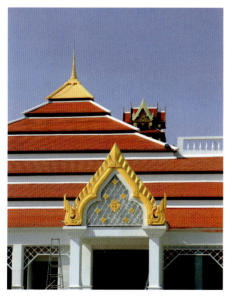

泰国馆是一座极具古典风格的泰式尖塔，外观是一个大四方形，展馆中间由相隔三层的宝座承接，屋檐顶端采用古典的泰式尖塔，塔刹由五彩琉璃装点，在阳光的照射下显得金碧辉煌，设计师将泰国各地风景名胜浓缩在展馆的整体设计中，展现出多元化的"泰式"生活。

泰国馆的设计灵感主要来自于泰国程逸的名胜古迹立佛寺。立佛寺建于泰国大城王朝，寺内供奉着佛陀双足迹。在设计泰国馆的过程中，设计师简化了立佛寺原有的细节，采用层叠式的飞檐尖顶，中间用相隔三层的宝座承接。此外，设计师还特别将泰国馆的屋檐顶端设计成古典的泰式尖塔，令泰国馆在任何角度都夺目耀眼。这种泰式尖塔在泰国有着特殊的象征意义，尖塔的顶端直向天空，寓意敬拜佛主和神仙。

泰国馆此次以"泰国特色：可持续的生活方式"为构思和设计主题，其内部展览着重展示泰国的城乡生活、艺术文化特征、以及科学技术上的创新。为了给展馆和每间展室营造泰国民族文化气氛，设计团队特意采用鲜红色和金色来装饰泰国馆室内的各部分，以此来彰显泰国传统艺术的特征，使泰国馆的展厅更显精美。

泰国馆内共有三个展室，在第一展室"泰国起源"，参观者将踏上一段历史的旅程，穿越历史时空，触摸泰国人在不同时代的生活方式。在泰国，水象征着生命的起源。在这一展室内，设计师采用 360° 视角的水帘屏幕，以及现代化的大型电子屏幕，透过水幕来描绘绚烂多彩的泰国历史，让参观者感受寓意"生命轮回"的水上世界。第二展室的主题为"多样化的生活方式"，集中体现泰国本土和世界经济文化的融合。设计师用特殊的技术构建了魔术似的虚拟世界。参观者可以在立体的空间里跨越时间长河，并不断被带到不同的新地方，感受拟真的情景，慢慢认识从古到今的泰式生活。另外，展室内还有两个机器人来给参观者当向导。在第三展室，参观者将感受到泰国特色生活方式的融合统一。泰国人民一向将"自足"作为生活的哲学。在这里，参观者可以通过视觉、味觉、听觉、触觉等四维的高科技仿真表现手法，找到泰国人民生活的快乐来源。这一展室的展览也是泰国馆的总结。

此外，设计师还在泰国馆内建起了一座钟楼。该钟楼模仿泰国为纪念泰中两国建交 30 周年的泰中友谊钟，象征着泰中两国友好密切关系。在钟楼内部，设计师采用创意艺术摆设，使钟楼上的看点范围能够涵盖展馆的每一面。

Shanghai World Expo 2010

新加坡馆
Singapore Pavilion

Zone B

地点：浦东 B 片区
占地面积：3000m²
层数：3 层
外方设计单位：新加坡陈家毅设计师事务所
外方建筑师：陈家毅
中方设计单位：上海日兴建筑设计有限公司

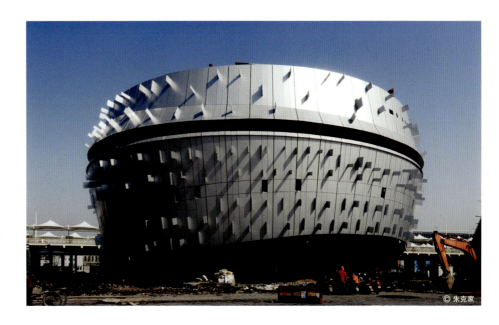

"城市交响曲"是新加坡馆的主题，它呈现了新加坡这个岛国多元文化的融洽与和谐。新加坡馆的外形犹如"音乐盒"，恰当地将"城市交响曲"这一主题展现了出来，广场上跳跃的喷泉、立面上参差错落的窗户、每一层楼投射播放的光与影，还有屋顶上花团锦簇的小花园，这些不同元素都仿佛交响乐团里的节拍。

"流水"与"花园"是两个主要的设计元素，这里希望表达的不仅是外在景观表象，更是新加坡多年来将环境成功治理的缩影，也是新加坡一步步趋向永继生态的理想。四根支撑全场结构与楼板的柱子大小不一、形态各异，它们隐喻了同在同住、同甘共苦、同乐共活的四大民族。

全程观展的经验令访客仿佛身处交响乐旋律中一般愉悦欢欣。一楼的空间开敞，过路者远远地就能直窥其中，室内有浮光掠影的投射与真人表演。演出项目在平地上，也在半空中，更凸显了这高耸挑高空间的奇特与变化多端。整座建筑由四根圆锥形的柱子支撑，四根形状各异的立柱沿着平滑的曲线从楼顶悬挂下来，贯穿上下，相互映衬，张力之间形成一种平衡。

馆内气温的调节同样也颇费心思：流动的空气降低了一楼大厅的气温；建筑立面的窗户开洞与环绕场地的冷水池，不花费大量能源却将一楼大厅调节至舒适的温度；以管桩为地基的建筑物却仅有一楼的柱子为混凝土材料；钢铁结构或立面墙的铝板等大部分建材均可在世博会后拆除回收。

访客从缓坡漫步而上，仿佛置身于纽约的古根海姆博物馆，有关新加坡的展品与图片在旁侧陈列，访客也可以从高处眺望大厅挑高的空间和其中的活动。

从缓坡可直接抵达二楼入口平台，约600m²的二楼空间非常开阔且无柱梁，这里被划分为三组演出空间，在特别的灯光气氛下，嘉宾可以在此观赏新加坡优秀歌手模拟真人的投影演出。这特殊效果彰显了鲜为人知、极富创意的新加坡次文化。

新加坡馆坐落于与其他国家馆共享的"海洋区"广场一侧，造型玲珑剔透，联通四面八方，从10m高的园区内步行桥，或是连接浦东浦西的卢浦大桥上，都可清晰地寻找到新加坡馆。该建筑正汲取了地理环境的优势并将其发挥得淋漓尽致，整座展馆犹如景观庭院中的雕塑，前院的广场让到来的访客浅尝到"花园城市"的不同凡响，周围青葱翠绿，音乐喷泉亦为上海炎热的夏日清凉解热。真正闻名遐迩的新加坡"花园城市"其实不在地面而藏在屋顶。新加坡园林组特设的"空中城市"在卢浦大桥上清晰可见，它不言而喻地再次提醒众人住在城市花园中的美好。（文 / 陈家毅）

抽象概念结构图

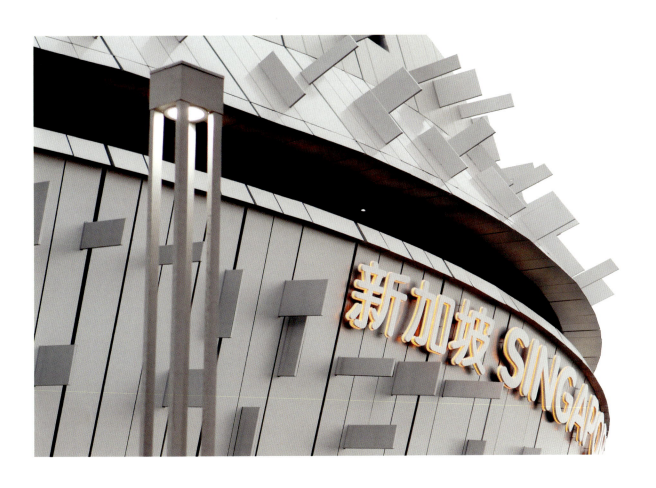

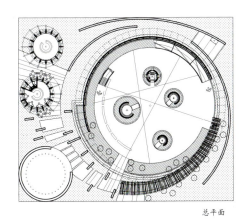
总平面

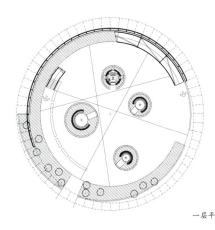
一层平面

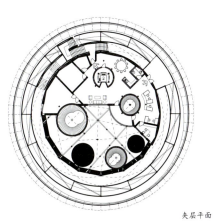
夹层平面

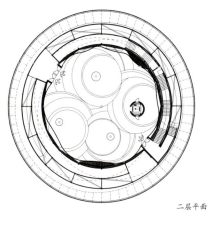
二层平面

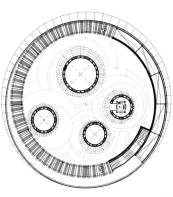
屋顶平面

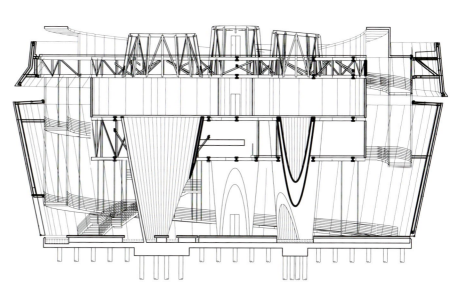

剖面

新西兰馆
New Zealand Pavilion

Shanghai World Expo 2010

Zone B

地点：浦东 B 片区
占地面积：2000m²
层数：2 层
设计单位：Warren and Mahoney Architects

新西兰展馆通过建筑构造和各种展览重现新西兰的古老神话，但展馆的设计理念不是想使这座建筑本身成为一个在设计上夺人眼球的符号，而是希望展馆成为新西兰人民和文化的象征。

整个展馆从形状上来看像一个梯形，前低后高，参观者可以顺着坡度一直走入展馆后端。当参观者从屋顶上缓缓走下至展馆一侧的时候，可以看到身着毛利族服装的舞者载歌载舞地欢迎大家。同时，展馆内还将有精通中文的新西兰年轻人欢迎所有参观者的到来。展馆内则设有自动人行道，将参观者送入室内展馆。那里陈列着一系列的建筑物，展现新西兰的城市生活——处于中心位置的是城市，郊区居住区则环绕在侧；而另外一系列将展现新西兰作为"自然之城"的不同风貌。展馆的屋顶花园最适合参观者一享漫步的惬意。

新西兰展馆共分四个部分：第一部分是迎宾区，一些会讲流利中文、性格活泼的新西兰年轻人将在那里接待参观者，新西兰原住民舞者也会在那里表演毛利族"哈卡"战舞。参观者在欣赏充满异域风情的舞蹈的同时，还可以参观毛利人久负盛名的木雕工艺品。

第二部分是"自然之城"体验区。新西兰展馆的主题是"自然之城 生活在天与地之间"。该创意取材于毛利族的古老传说，注重交互式体验。参观者经过迎宾区后，将走进一条多媒体长廊。长廊总长度将达 150m。长廊两侧由数百张反映新西兰风土人情和地理风貌的巨幅彩色图板装点而成，从不同角度展现新西兰的大海、高山、乡村、城市，讲述新西兰从黎明到黄昏、从儿童到成人的故事。这条匠心独运的长廊，将使参观者穿越时空隧道，仿佛身临新西兰，实地参观和领略新西兰的多元文化与城市生活。

展馆第三部分是"空中花园"。新西兰馆的屋顶将是一座名副其实的植物园，布满新西兰特有或擅长栽种的植物、花卉、水果和农产品。届时，生机勃勃的"鸟语花香"景象将成为新西兰馆的一大亮点。

第四部分是"贵宾区"，可容纳 40 名宾客同时就餐，或为 80 名来宾举办酒会。为了方便新西兰企业拓展业务，设计师们还特地在展馆内开辟了一块精品展示区，展示新西兰名牌葡萄酒和其他特色商品，使展览与经贸主题有机地融合在一起。

Shanghai World Expo 2010

奥地利馆
Austria Pavilion

Zone C

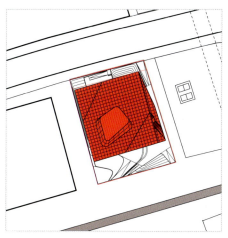

总平面 © SPAN_ZEYTINOGLU_2010

地点：浦东 C 片区
占地面积：2314m²
建筑高度：10.5m
层数：2 层
设计单位：SPAN & ZEYTINOGLU
项目经理：Alexander Jarau
建筑师：Jakub Brauer，Regina Kiem，
　　　　Oliver Bertram，Adam Vukamanov

最终呈现在人们眼中的奥地利馆，是一座由三个支点组成的巨大红白色建筑。从卢浦大桥向下望去，奥地利馆的造型仿佛汉字"人"的造型，正好似奥地利的英语首字母"A"。通过这个设计，奥德利馆将自身的独特设计与中国传统元素也联系起来。

奥地利馆最吸引人的地方，是由1000万块六角形的陶瓷拼成的流线型外墙。外墙和谐渐变的色彩，其灵感一方面来自一只精致优雅的红白 DuPaquier 瓷瓶，另一方面则源于大自然。要打造出这样的效果，则有赖于这来自欧洲最古老瓷器制造商特制的陶质瓷片。瓷片，将成为奥地利馆有别于其他国家馆的一大特征，除了在墙体外表皮选用富有光泽的瓷质材料，内部装饰也将包含瓷元素，寓意自中世纪以来出口欧洲的"中国瓷"，再度回到中国。

奥地利馆的设计师是来自维也纳的 SPAN & ZEYTINOGLU，他们将奥地利的音乐融于建筑之中，采用了音乐拓扑体结构，在增强稳定性的同时减少材料消耗，使建筑具有可持续性。设计师认为，奥地利馆的设计灵感来自于听觉，更准确地说，是音乐。建筑的各个部分之间准确无误的、完全合乎逻辑的关系应该有音乐的概念。确实，设计师利用多变的音乐节奏来表现展馆空间，而奥地利丰富的音乐历史也足以令建筑从巴洛克音乐、古典领域一直延伸到现代音乐。设计师利用拓扑几何结构将从观众厅到建筑的外表皮的主要空间连接了起来，其中也包括多个诸如商店、餐厅、办公、贵宾区域等主要空间。这些不同区域也能代表着奥地利大都市所具有的生活质量：音乐、文化、美食、城市空间、景观等。

奥地利馆分为两层，一楼是展示区、商店和信息咨询台，二楼包括一个露天奥地利餐厅、一个贵宾休息室。一旦进入奥地利馆，参观者将亲历一场奥地利的自然和文化之旅。在等候区，观众就可以利用手机蓝牙，接收奥地利的图片与音乐。虚拟壁纸上还将展示奥地利的各地名胜和茜茜公主、莫扎特和约翰·施特劳斯等奥地利名人。展示区则包括山脉、森林、湖泊和城市展区，随着展厅的变化，参观者会从全天然的自然景观进入奥地利的都市生活区域，1600万张幻灯片展示了奥地利的风土人情和自然环境。这些幻灯片还能让观众体验到脚下冰块碎裂的感觉、松鼠从身边跑过的情景。奥地利馆甚至还有14℃的恒温和冰墙，让观众一下子就从炎夏来到了阿尔卑斯山的清凉世界中。

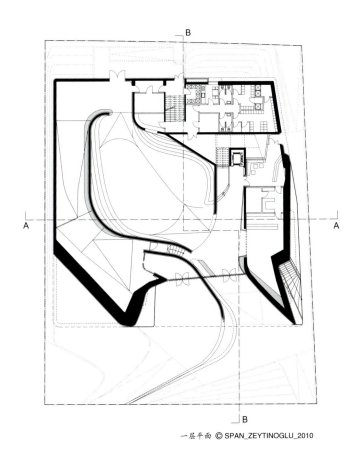
一层平面 © SPAN_ZEYTINOGLU_2010

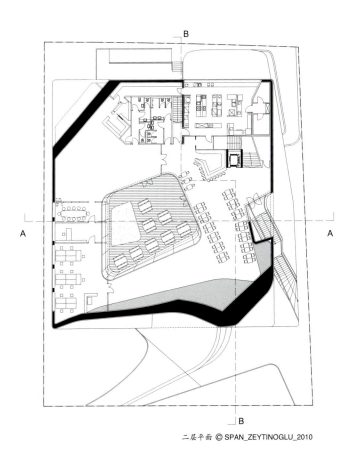
二层平面 © SPAN_ZEYTINOGLU_2010

剖面 A-A © SPAN_ZEYTINOGLU_2010

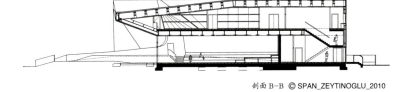
剖面 B-B © SPAN_ZEYTINOGLU_2010

© Mattioli

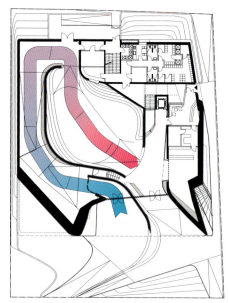

游客流线 © SPAN_ZEYTINOGLU_2010

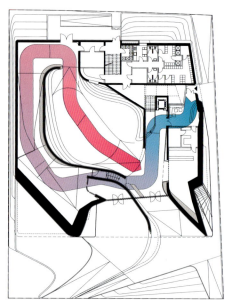

贵宾流线 © SPAN_ZEYTINOGLU_2010

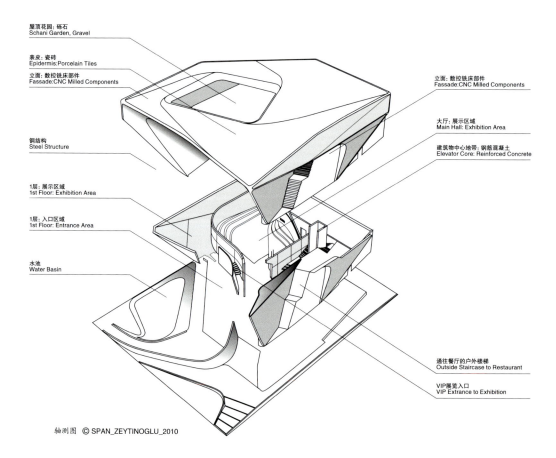

轴测图 © SPAN_ZEYTINOGLU_2010

Shanghai World Expo 2010

巴西馆
Brazil Pavilion

Zone C

地点：浦东C片区
占地面积：2000m²
层数：1层
设计单位：Fernando Brandão Arquitetura+Design
建筑师：Fernando Brandão

巴西馆位于浦东C片区，紧邻美洲广场，由数千根长短不一的绿色木条组成，这些木条不对称放置着，构成巴西馆的主体结构。这样的外形酷似"鸟巢"，但创意源头却是巴西最著名的设计师坎帕纳兄弟早前的经典设计"法维拉椅"（Favela chair）。

与其他国家的自建馆不同，巴西是以租赁馆的形式参加上海世博会的。这座充满动感韵律，仿佛随时可以扭动起桑巴舞的快乐建筑却也花费了巴西设计团队不少的心思。整个设计的竞标过程经历了数月时间，当设计师费尔南多·布兰当（Fernando Brandão）的作品从最后10件决赛作品中脱颖而出时，所有巴西评委都不约而同地喊道："这多像那把椅子！"

"法维拉椅"在巴西大名鼎鼎，被认为是国家的肖像。它与里约热内卢最著名的贫民区法维拉同名，由阿贝托以及费南多·坎帕纳兄弟设计产生。两兄弟从小在巴西圣保罗长大，深受当地街头生活和狂欢节文化的影响，他们坦言，"无序和混沌"是他们作品的关键词。这把充满奇趣，以废弃原料再创经典的椅子在1991年一经推出，便获得无数国际奖项，也成为了坎纳帕兄弟成名之作。建筑师布兰当在为巴西馆做创意设计之初便想到了这把椅子，他认为，法维拉椅是让世界真正了解巴西的一个开始，巴西不仅仅有桑巴舞、足球、雨林，巴西人有着实实在在的文化生活，以及巴西街头超越贫困的生活哲学，这些也是此次希望表达的巴西馆的内容。

为了将巴西馆主题"动感都市，活力巴西"融入其中，布兰当决定让这把椅子活动起来。于是，他在场馆的整体轮廓上动起了脑筋，原来应该笔直的线条被拉成了弧形，为了增加造型上的夸张感，他索性将场馆的两侧拉成了巨大的反括号形状。这种形状经常在卡通片中出现，代表着俏皮、动感和活力，正好符合巴西馆给人的印象。

拼出巴西馆的木料主要有绿色、黄色，全部由巴西本地的可再生木材建造而成。绿色和黄色都是巴西的国色，其中，绿色象征森林，黄色象征矿藏和资源。绿、黄两种颜色的木材错落交织，覆盖着整个巴西馆的外墙，使得巴西馆的结构类似北京奥运会主体育场"鸟巢"。巴西馆内展示内容包括城市风光、"动感都市活力巴西"和幸福巴西等几大展厅以及一系列主题走廊。展馆内通过液晶显示器等视听手段和各种艺术、文化旅游节目以及研讨、商贸等活动展现充满动感的城市生活脉动和包容性，介绍巴西在可持续发展和改善交通等方面的成就。

比利时-欧盟馆
Belgium-EU Pavilion

Zone C

总平面

地点：浦东 C 片区
建筑面积：5250m²
设计单位：Conix Architects

比利时－欧盟馆温和、冷静的建筑外观与新奇、迷人的内部装修构成对比。大跨度的结构提供了一个社区空间，在同一时间展示了内敛与开放之间的和谐关系。它还包括1000m²的欧盟展厅。

展馆主体采用"脑细胞"的结构，这也是建筑物的整体设计理念，表现了比利时的丰富艺术内涵以及凝聚了人类文明发展和智慧结晶的科学成就。"脑细胞"的灯光与色彩变幻自然地融入到上海夜景中，多重的视觉效果与展馆前开阔的公共区域中呈现的欧洲"明暗运动"，以及中国的"皮影戏"遥相呼应。

比利时－欧盟馆的主题为"运动和互动"，展馆的一面外墙采用了透明的玻璃材料，另三面将采用延展的金属板形成封闭幕墙，展馆不仅是欧洲厅、比利时厅及其各共同体和地区展厅的所在地，更提供各类社交和会晤场所，包括餐厅、酒吧和贵宾中心。展板将悬在滑轨上，可在展厅内移动，表现馆中所展示的不同地区，塑造比利时对外开放的形象和态度以及多文化的和谐共存。展馆内部呈现一种广场氛围，没有内外界线，表现比利时人"懂得享受生活"的理念。这种布置可以避免展厅成为由墙体和封闭空间组成的迷宫。在滑轨系统旁的规定区域内还将滚动着"水珠"，它们如同滚动橱窗，展示比利时引以为傲的展品。

展馆巨大的顶棚将撑起一片与室外完全连通的公共空间，其设计灵活新颖，又兼顾挡风遮雨的实用性。在公共广场种植了树木，旨在为参观者提供一块舒适的聚集地。世博会期间，这里会举办一系列广场活动，参观者可以领略比利时年轻艺术家们的风采。

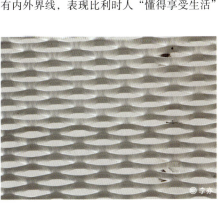

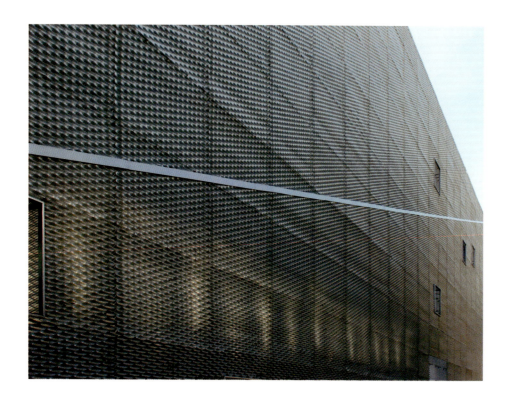

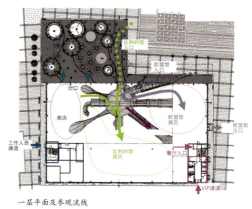

一层平面及参观流线

二层平面及参观流线

Shanghai World Expo 2010

波兰馆
Poland Pavilion

Zone C

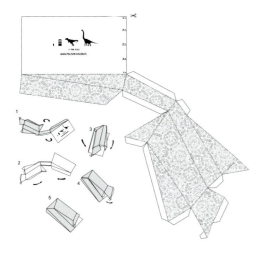

地点：浦东C片区
占地面积：3000m²
建筑面积：2400m²
建筑高度：20m
层数：1层，局部2层
设计单位：WWA Architects
建筑师：Wojciech Kakowski，Natalia Paszkowska，Marcin Mostafa

波兰馆的主题分为三个概念："人类，创造力，城市"，波兰人将他们对生活的创造力和想像力融入其中。

波兰馆以其独特的美学设计成为了展示国家形象的名片。设计师选取了波兰和中国都具有的民间剪纸艺术主题，并将其创造性地运用在展馆的建筑装饰上，表达出与众不同的现代建筑语言。这样的设计一方面避免了纯粹的民间艺术风和对传统艺术的机械重复；另一方面，亦是对波兰建筑艺术的成就的展示。

这座将产生丰富视觉体验的建筑物外部由相互交织的剪纸图案所组成，阳光可以透过缝隙进入大厅。当黄昏降临，变换色泽的室内光线穿透剪纸图案，使展馆呈现出不同的色彩。它还具有多个表面，一方面构成折叠的"剪纸板"，另一方面又构成有趣的几何形状的内部，空间灵活，创造性地分割成不同部分，为展览、音乐会以及其他功能分割出了不同的功能区域。主展馆的灯光营造出一种明暗错落的效果，内部的墙体也可以作为银幕，播放波兰社会生活等方面的视频。

波兰馆的建筑外形呈不规则状，非常抽象，布满了镂空花纹。设计师认为，波兰馆的设计不仅要外表能吸引眼球，还要讲求绿色环保。因此，他们最终选择木板作为表面基本装饰材料。

该表皮的做法非常特别，工人先将胶合板切割好后再安装在一块一块的胶合板建筑模块上，然后再在模块表面装上玻璃、聚碳酸酯、防水或者防紫外线辐射的材料，最终构成墙体。在剪纸下面还要安装半透明的PVC或高密度聚乙烯合成的薄膜材料，以形成封闭的外表，从而最大限度节约资源、减少污染。除了墙壁和屋顶的剪纸木板，展馆外部、入口处的地面和展馆内部都覆盖着一层强化木地板，为参观者提供健康、适宜的参观空间。这种的材料和建筑结构选择正是基于设计师对生态主题的考虑，也是波兰馆对2010年上海世博会主题的回应，希望人与环境和谐共存。

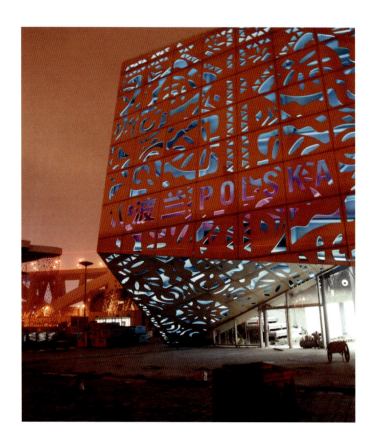

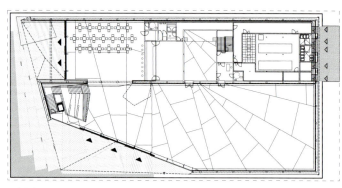

一层平面

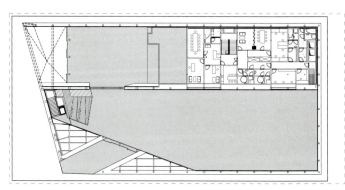

夹层平面1

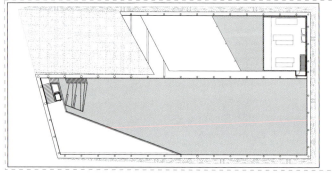

夹层平面2

屋顶平面

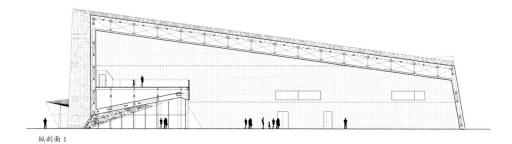

纵剖面 1

纵剖面 2

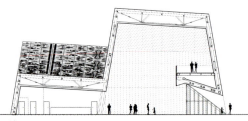

横剖面

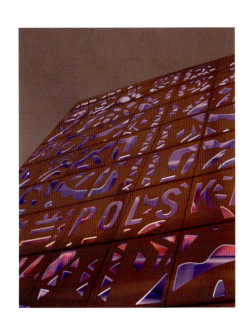

Shanghai World Expo 2010

丹麦馆
Denmark Pavilion

Zone C

总平面

地点：浦东C片区
占地面积：3000m²
建筑面积：2615m²
建筑高度：11.86m
层数：地上2层，地下1层
外方设计单位：Bjarke Ingels Group
外方建筑师：Niels Lund Petersen
中方设计单位：同济大学建筑设计研究院（集团）有限公司
中方建筑师：任力之、汪启颖、章蓉妍、茅名前

丹麦馆此次的主题为"梦想城市"，展馆充分运用了丹麦和中国的共同元素，采用趣味的互动形式，立体地展示了丹麦的国家形象。展馆是个环形建筑，这个环形结合了自行车车道以及梦幻般的线性游览路线，人们可以骑着自行车游览整个丹麦馆，展馆提供1500辆的自行车，展览结束展馆可以移到别处作为自行车训练馆。

丹麦馆的展馆外部采用单体钢结构，并将其喷涂为白色，白色的幕墙赋予展馆标志性的航海气质，体现丹麦悠久的航海传统。此外，具有散热特性的白色还将有助于保持展馆的凉爽。

屋顶覆盖淡蓝色的人工材料——这是丹麦自行车道的颜色。在展馆内部，地面覆盖了浅色环氧涂料，而且同样设有一条蓝色自行车道。通过这条蓝色的自行车道，自行车可以穿越整栋建筑。幕墙的钢结构采用钻孔设计，其图案构筑出丹麦都市的剪影。立于展馆之外，透过途经的自行车手和行人的剪影，仍隐约可见馆内的生动场景。

展馆的建造都在造船厂内完成，高度预制化的工艺确保了简单的部件运输、迅速的现场组装，以及合理而有效的拆卸和搬移。展馆的地面建成为略带坡度的草坪，以供人们在阴凉的垂柳下进行草地野餐。到达区和出口区采用蓝色自行车道和白色混凝土地面进行界定。

与体验任何一座丹麦城市一样，徒步和骑自行车是体验丹麦展馆的最好方式。按照设计，展馆将成为自行车和行人的交通枢纽。展馆包括室内和室外两条轨道，两者共同结合于同一主题之下。室外轨道用于连接展馆和展览区的高架露台，包括一条丹麦式自行车道、一个带有自然景观游乐场的屋顶花园和自行车停车区。室内轨道则通往展览区底层，并包括展厅、会议室和工作区。

环形轨道将两个不同的区域有机地连接起来。游客可以从室内出发，移步于屋顶之上，然后挑选一辆自行车，沿室外车道骑入室内车道，并在穿越展厅时重新观赏展览。也就是说，游客可以有两种不同的速度选择来体验丹麦馆：一种是悠闲地漫步，饱览周围的美景；另一种是动感的自行车之旅，快速地穿越城市和城市生活。

展馆通过城市自行车、海湾浴场、自然游乐场以及生态野餐等细节让人们切身体验哥本哈根的魅力。哥本哈根也是一个港口城市，但与上海不同的是，哥本哈根的那些污染性的港口生态已经被港口公园和文化设施所替代，人们可以在清澈的海水里面游泳。此次，丹麦人将哥本哈根的海水带来了丹麦馆，在展馆的中心建了一个美人鱼泳池。展会期间，这里还会陈列丹麦的国家符号——Edvard Eriksen的美人鱼铜像。同时，3位中国艺术家也将同时展示他们对美人鱼诠释的作品。

剖面

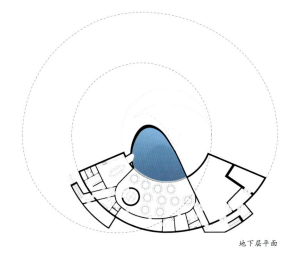
地下层平面

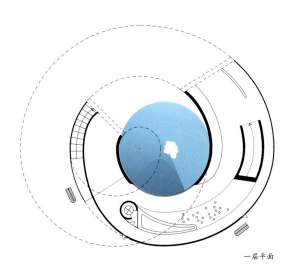
一层平面

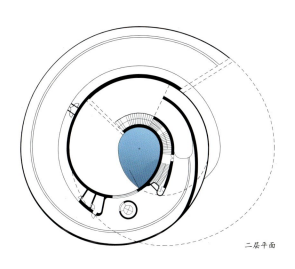
二层平面

屋顶平面

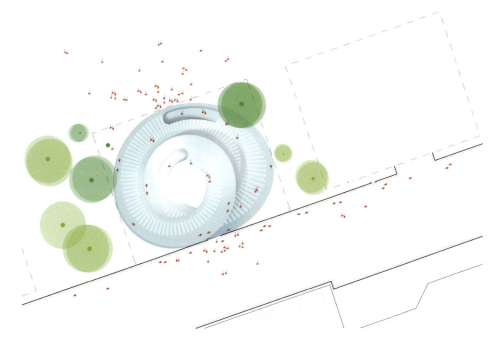

- STAFF 行政办公
- CONFERENCE AND MEETINGS 会议室
- KITCHEN 厨房
- FOOD AND DRINKS 餐厅
- SECRETARIAT 秘书处
- WELCOME 接待区
- LOUNGE "LITTLE MERMAID" 酒廊
- SHOP 商店
- EXHIBITION SPACE 展示区
- ROOF TERRACE 屋顶平台

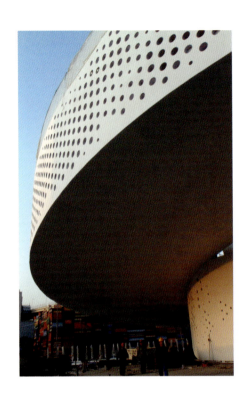

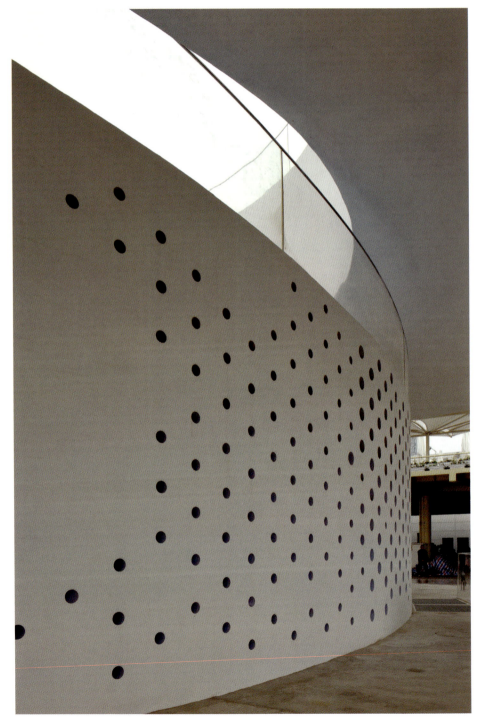

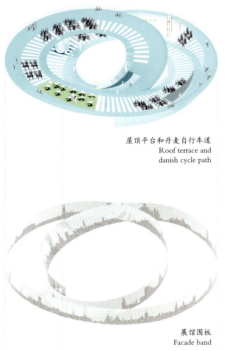
屋顶平台和丹麦自行车道
Roof terrace and danish cycle path

展馆围板
Facade band

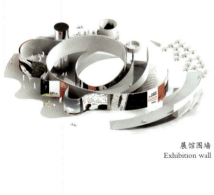
展馆围墙
Exhibition wall

地下室和会议厅
Basement & conference facilities

151

Shanghai World Expo 2010

德国馆
Germany Pavilion

Zone C

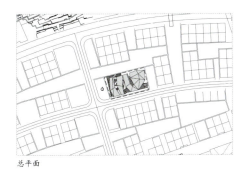
总平面

地点：浦东 C 片区
占地面积：6000m²
建筑面积：5750 m²
建筑高度：20m
层数：3 层
外方设计单位：Milla&Partner，Schmidhuber+Kaindl
中方设计单位：上海现代设计集团

德国馆以一个多面的、富于创意的民族形象，并以追求创新、面向未来的国家风貌出现于世博会。德国馆非常巧妙地体现保护文化根基和维护传统文化之间的关系，认为未来城市的特色应当是既和谐又各具千秋，正因为德国城市是丰富多彩与各具特色的汇聚，才构成了它独有的生活质量和生命力。德国展馆的中心议题就是：在革新与维护传统、集体主义与个人主义、全球化与民族化之间寻求平衡，这一构思也同样反映在其展馆的建筑设计上。

德国馆的设计与通常的建筑物不一样，它像一个有着三维空间的、可穿行其间而观赏的大型雕塑体。它没有内部与外部空间的定义，更确切地说，德国馆前的广场以及紧接展馆的外景区流畅地融入展馆建筑本身。

建筑设计给予展览本身的不只是一个外包装，它同时又阐释着展会的构思，给它一个舒展自己的空间。遵循古典建筑学派的"长廊建筑"理论，该建筑设计为参观者描画出穿行和谐都市的一条长廊：按照指定的路线，参观者有时步行，有时乘滚动电梯或走自动人行道，一路穿行众多不同的展厅，气氛随着展题交替变换，给人一种漫步长廊的感觉。

德国馆的咨询处、纪念品店、餐厅、服务

© Yovohagrafie，Germany Pavilion

区以及办公室等都设在该景区内。它们的分布在整体上构成了一个 T 字形。T 字底端与馆外街道相衔接。整个服务区都设置在展馆的背面。以 T 字形的纵轴为界，底层领域被一分为二。一边是自然景区，另一边是城市空间。这里为举办各类文化活动设计了一个场地和舞台。纪念品店和德国餐厅也在这里。

和谐都市之旅从展馆底层起落有致的坡

© Architecture：Schmidhuber+Kaindl

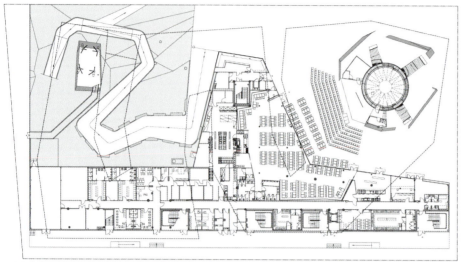

一层平面 © Architecture：Schmidhuber+Kaindl

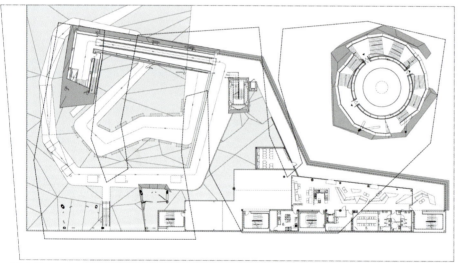

二层平面 © Architecture：Schmidhuber+Kaindl

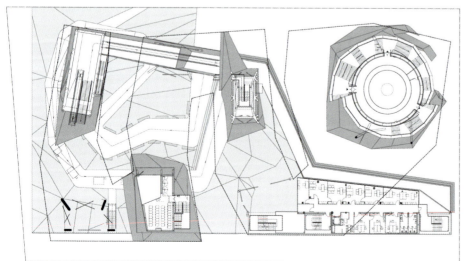

三层平面 © Architecture：Schmidhuber+Kaindl

形景区开始。这一路就像走迷宫一样，要穿过不同的空间、隧道、空地和院落。入口在上一层的斜坡景区内。参观者可以从这里俯瞰展馆底层的景象，同时也即将通往城区展厅的大门。穿过一条隧道，参观者便踏进了和谐都市馆内奇妙的都市生活体验空间。

德国馆是由四大建筑主体构成，每一个建筑体单看好像显得不平稳，但是从整体上看，便显现了负荷力、承载力、撑托力、支称力在建筑中的巧妙互用。使它们相辅相成，达到和谐都市展馆整体稳固的平衡状态。这一设计从建筑角度再现了和谐都市的主题构思。

展馆的自然景区就像一个地质学的分层模式。景区表面上生长着一种特殊的草，它们在世博期间将从绿变红，反映出半年展期的季节变化。就像采石场的景象一样，这块地表的边缘将展现出分层现象。其中一层通过太阳能电池的形式展现出未来的能源载体——硅。主体幕墙被一层透明薄膜包裹起来。这种发着银光的织物白天降低阳光对建筑物的直射，夜晚还可以用于照明。展馆通过这层透明薄膜在不同的时间和天气情况下变换出不同的形象，时而像未经雕琢的水晶，时而透视出馆内的景象。

托架举起的展馆建筑正好给馆外景区搭建了一方即可避雨又可遮阳的天棚。这种设计形成了一种内与外、光与影、建造的与自然的、都市风光与田园风景之间引人入胜的交替更迭。从这片错落有致的绿化景区出发，参观者便可踏上穿行和谐都市之旅，观赏展示城区生活的各个展厅。

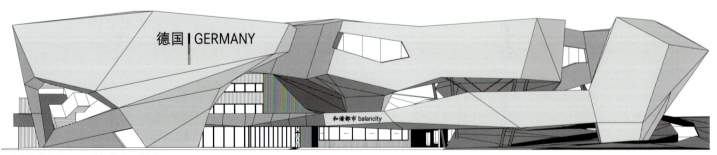

北立面 © Architecture：Schmidhuber+Kaindl

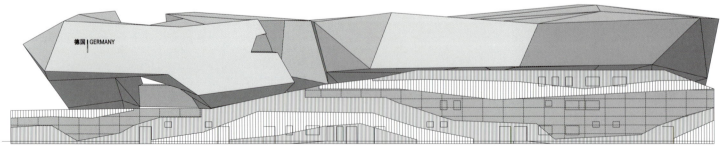

南立面 © Architecture：Schmidhuber+Kaindl

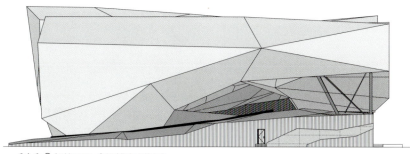

西立面 © Architecture：Schmidhuber+Kaindl

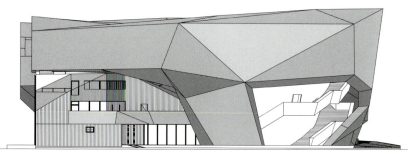

东立面 © Architecture：Schmidhuber+Kaindl

© Yovohagrafie，Germany Pavilion

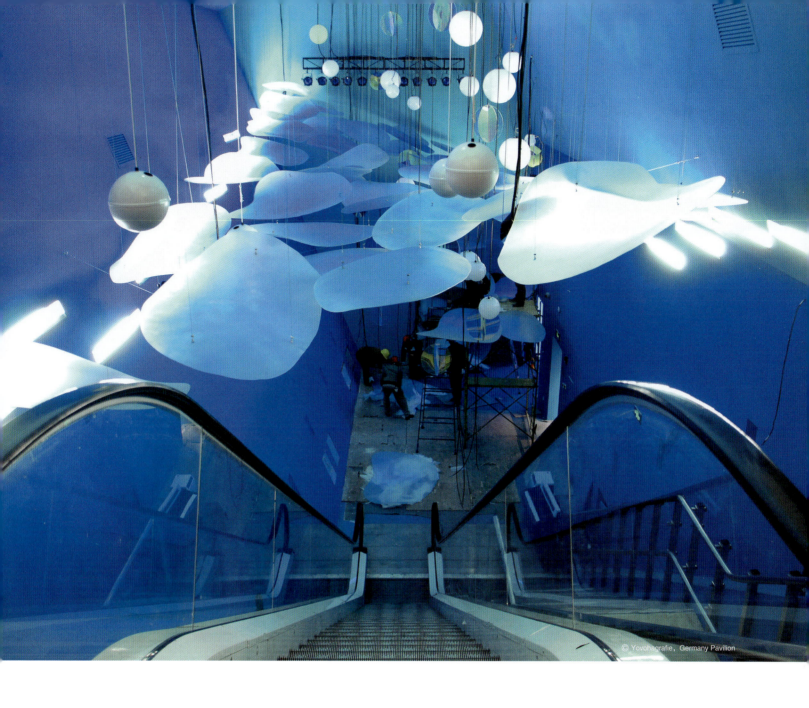
© Yovohagrafie, Germany Pavilion

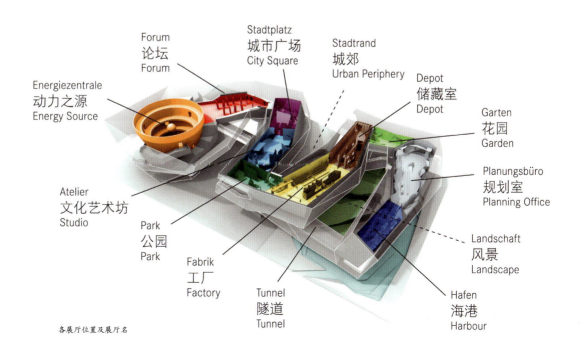

各展厅位置及展厅名

159

Shanghai World Expo 2010

俄罗斯馆
Russia Pavilion

Zone C

地点：浦东C片区
占地面积：6000m²
层数：3层
设计单位：TOTEMENT / PAPER

以"新俄罗斯：城市与人"为主题的俄罗斯馆由12个塔楼和"悬浮在空中"的立方体组成，外形设计类似古代斯拉夫人的小村落，象征着生命之花、太阳以及世界树（斯拉夫人枝叶繁茂的橡树）的根。塔楼由白、金、红三种颜色构成，白色和金色塑造了俄罗斯建筑的历史形象，而红色底色加上富有俄罗斯各民族元素的图案，则赋予了塔楼顶部镂空部分以生命力。设计师认为，俄罗斯馆就好像著名的俄罗斯民族舞蹈环舞的"建筑版"：12座红、金、白三色相间的塔楼呈环形，其外表挺拔，线条却不规则，象征着现代城市在迅猛发展中呈现出的变化；而在俄罗斯文化中，红、金、白三色分别代表着美丽、繁荣以及纯洁。

前苏联著名儿童文学家尼古拉·诺索夫认为，"最好的城市应该是最受孩子们喜爱的城市。"俄罗斯馆内部设计理念就来源于诺索夫的作品《小无知历险记》，力求呈现一个美丽、精湛、充满童话色彩的儿童花园城。

在俄罗斯馆中央广场的上方，是一个"悬浮在空中"的立方体，它被称作"文明立方"，也是俄罗斯馆的主展厅。中央区的9个建筑城市方案是在儿童画的基础上所作的，体现了"最好的城市应该是最受孩子们喜爱的城市"。俄罗斯馆的"文明立方"分成童年城、青年城、大世界三部分，分别展示"花的城市"、"太阳城"、"月亮城"三个主题。在充满诙谐、童趣的布景下，参观者将在馆内隐秘的小路上感受到许多神秘而又有趣的发现，这些发现是来自俄罗斯儿童和年轻科学家的创造发明与科技成果。

一层是童年城，展品主题为"花的城市"。这是生态绿色城市理想的体现，这里遍布着巨大的花朵和水果。所有的装饰物品均个体庞大，这会让每个观展者感觉到自己似乎变成了孩子，重返童年。二层是少年城，展品主题为"太阳城"。这里集中展现青少年的理想，即人类无所不能。在这一理想城市模式中，发明创造和科技创新富裕生活以和谐美。三层是大世界，展品主题为"月亮城"。这是人类对自身作为宇宙一部分的反思。这个未来城市的模式将观展者引入太空。

Shanghai World Expo 2010

法国馆
France Pavilion

Zone C

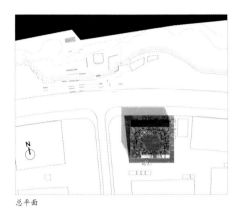
总平面

地点：浦东C片区
占地面积：6765m²
建筑面积：7620m²
建筑高度：21m
层数：5层
外方设计单位：Jacques Ferrier Architectures
外方建筑师：Jacques Ferrier
中方设计单位：同济大学建筑设计研究院（集团）有限公司
中方建筑师：任力之、汪启颖、章蓉妍、陆露、茅名前
景观设计：Agence TER

2010年上海世博会的主题是"城市，让生活更美好"。法国著名建筑师雅克·费尔叶设计的法国馆正是对这一主题的解读，设计师强调节能与环保，并通过"七感"理念突出人在城市生活中的核心地位。法国馆将"平衡理念"作为建筑设计背景，这个言简意骇的讯息赋予了法国卓越的国家形象，创新和具有活力的平衡理念，亦摒弃了"传统法国和当代法国"的老牌对比。

法国馆的外立面非常吸引人，几何形状优雅的特殊混凝土网架仿佛是建筑轻轻揭起的面纱。为了呼应巴黎城市的浅灰黄色的石材肌理，网架没有使用常用的钢结构。特殊的网架处理体现了力量和精致工艺的结合，它不仅是装饰构件，对整体的稳定性也起到关键作用。

法国馆一直在着重表明高科技和人的基本感官之间的平衡，创新和经典之间的平衡，虽然其体量醒目，但是由于底层架空，建筑却给人轻盈的感觉，如漂浮在镜面般的水池之上。网架和花园反射在水面上，呈现出丰富的光影效果。

法国馆的外观是理性和朴实的，但是在建筑物内部，景观师却给人们带来了惊喜。这座花园可视作为传统法式园林的一首变奏曲。法国馆的中央部位环绕着一座庭院，里面是浅浅的镜面水池，水面倒映着垂直园林的美景。展馆的内部空间由两种表面构成：一种是博览会背面的玻璃墙，另一种是植物墙（距离玻璃墙的远近各不相同，由最少1.6m到最多3.2m），其功能是作为一层网状物使照射进博览会展区的光线变得柔和，让展馆的中心区域显得清新自然。

法国古典园林里的花坛是从刺绣图案中获得灵感，由精心修剪的黄杨树篱围成，随后填入彩色的植物或碎石。如今，法国馆花园里的花坛竟成了对电子线路板的重新诠释。悬挂着的花坛变形为具有双面的垂直状园林，外墙面向庭院，内墙则面向多姿多彩的博览会展区。花园内正对餐厅的部分被设计成一个小型蔬果园，种植菠菜、西红柿、辣椒、草莓等，以此向以

© 刘其华

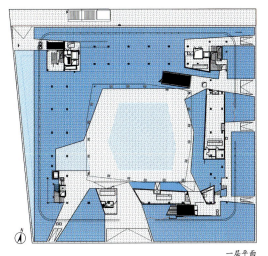
一层平面

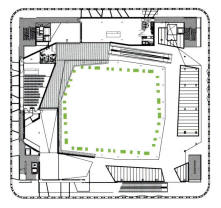
二层平面

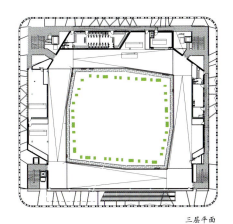
三层平面

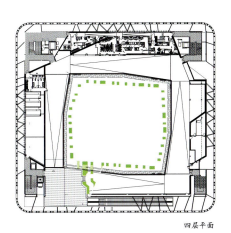
四层平面

五层平面

花园和蔬果园闻名的法国维朗德里城堡致意。

作为法国馆主要创新之一的垂直园林采用了复杂的滴水灌溉方式，花园覆盖建筑顶部，并在场馆内庭四面形成一道道绿色的瀑布，迎接参观者的到来。花园正反两面的诠释方式各不相同：或是采用黄杨等常绿植物，或是在背面运用多种色彩及枝叶的植物精心搭配。在这里，植物不再只是墙面的装饰，它已转化为一种风格，与建筑融为一体。

从排队等候区开始，参观者就身处于纯正的法式庭院。自动扶梯缓缓地将游客带到展馆的最顶层，展览区域在斜坡道上铺开，沿着下坡路回到起点。展区构思是为了避免螺旋式旋转的影响，并按照连续展示区域的环境特征，使参观者感到始终跟随着一条参观主线。设计师认为场馆是个令参观者自由畅快呼吸的地方，所以在设计时拒绝"黑盒子"式的展览舞台设置。迁移是参观的主线，它将以影像墙的形式，在陈列斜坡上展开，一直伴随游客整个参观过程。

法国馆主要接待中国参观者。在 10~30 分钟参观时间中，展馆将是中法对话的最佳空间。为了能使参观者在很短的时间内与法国文化有深层次的对话，展览选择了最基本的和中国相通的元素——"感官"，作为展览主题。视觉、听觉、味觉、触觉、嗅觉、运动以及平衡感这些主题，展现了人类生活和现代城市相关的大大小小的细节。味觉展现了从高端美食到工业食品的法国多样化的创造性，也同时展现农业在城市社会中的位置；嗅觉的出处为香味与口感享受，香水也令参观者联想到城市污染问题及其解决处理方法；触觉主要是穿越材料质地的讨论，如时尚、高级时装，也可以是玻璃、石料和城市建筑；听觉带参观者进入了如语言、歌曲、音乐、音质设计、城市噪声等方面的探讨，这也是展示文化交流和创造的场所；视觉将呈现法国艺术杰作，如环境美学问题、造型创造、奢侈品、文字风格和抽象艺术，并提及城市景观美学、色彩和形式等。

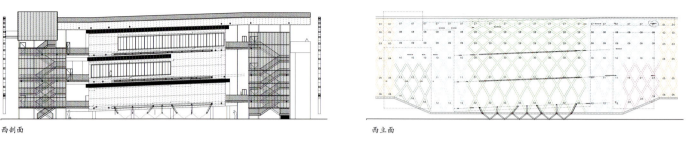
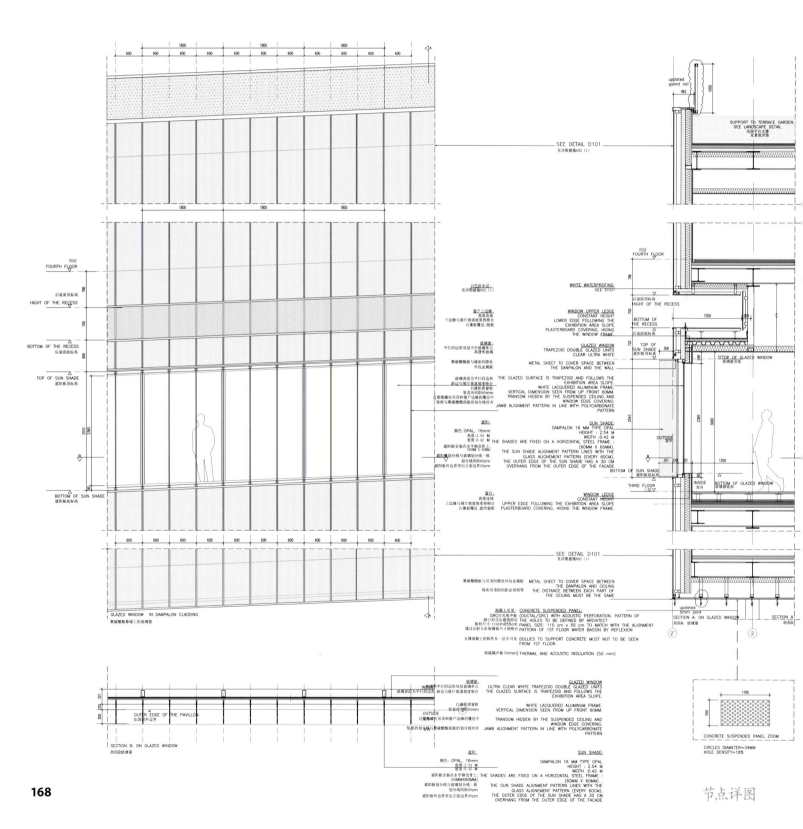

节点详图

© Jacques Ferrier Architecture / Image Ferrier Production

© Jacques Ferrier Architecture / Image Ferrier Production

© Jacques Ferrier Architecture / Image Ferrier Production

网架　　　　　　　　　　　　影像墙

垂直花园　　　　　　　　　　坡道展区

服务空间　　　　　　　　　　镜面水池

© 吕恒中

Shanghai World Expo 2010

芬兰馆
Finland Pavilion

Zone C

地点：浦东C片区
建筑面积：3100m²
建筑高度：20m
层数：3层
设计单位：JKMM Arkkitehdit
建筑师：Teemu Kurkela

芬兰馆名为"冰壶"，将向大家呈现一个微型的芬兰，向世界展现芬兰及其整个社会的风貌。冰壶可以视作由芬兰人建立的微型城市，其内部空间讲述芬兰和芬兰人的故事。冰壶展现了芬兰人如何以可持续发展的原则构建美好的城市。冰壶传承了芬兰社会的理念，融合了创新、高科技和文化——这种融合给芬兰人带来了美好的生活。

冰壶雕塑式的建筑设计旨在营造适合未来发展的充满自由、创造力与创新思维的景象。它好似一座在水面上的微型岛屿城市。走过一段小桥，游客便来到冰壶前。其中心部分由这个微型城市的中庭组成，在那里可以举办各种活动。这个中庭便是冰壶，各种思想与观点在这里碰撞、交流、融合。

展馆内布局合理。一楼除了中庭，还有餐厅、纪念品商店、衣帽间、盥洗室和贮藏室。游客参观完展览之后，可以前往餐厅和商店。VIP入口与主入口相隔而设。基本设计使得拥挤的人群能够在这个充满活力的空间里无拘无束地四下参观。娱乐、会议和员工设施场所均位于三楼。

展馆的主要宗旨在于营造一种"美好生活"的愿景。美好生活的六大要素分别为自由、创造力、创新、社区精神、健康与自然。而这所有的要素都完美地融合在了展馆建筑、以及其空间和功能设计中。雕塑式的设计体现了高科技建筑的自由与创造力。创新则表现在构造的简洁和各种技术细节的运用上。整个展馆围绕中庭而建，人们围聚在一起，社区精神是建筑的基本设计理念之一。而流水、天空等元素的运用，让自然成为建筑的一个抽象的组成部分。展馆作为一个舒适而激发灵感的微型城市，

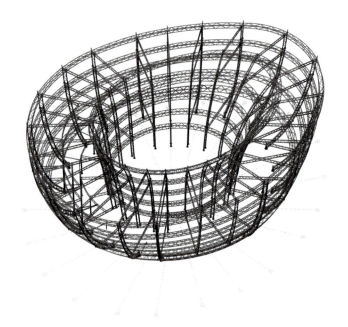

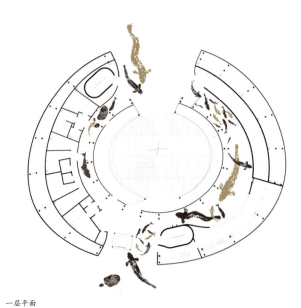

一层平面

结构示意图

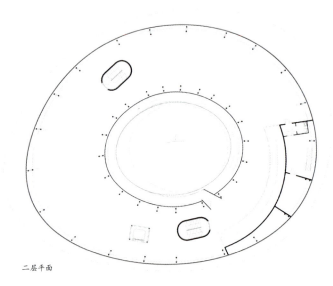

二层平面

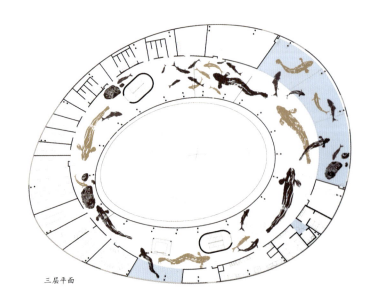

三层平面

© Lucas Schifres

本身就是健康环境的典范。人类、自然与技术在这里和谐共处。展馆为大家提供了一个探讨美好生活发展蓝图的平台。

　　冰壶是按照永久性建筑的标准来设计的。世博会后，冰壶将被出售，并作后续利用。在设计方向，冰壶的使用寿命可以通过灵活的优质方案得以延长。它将先被拆卸，然后在新的地方进行重组。冰壶基本结构的所有钢框架均由螺栓连接，因此可以被轻松拆卸。如果将来有需要的话，还可以再加楼层。高技术和创新理念使得冰壶拥有很长的使用寿命。冰壶内的能源消耗会降到最低。房间设施的方位、浅色表面的使用以及窗户结构则减少了日照引发的热强度。更多运用自然通风可以降低对机械通风的需求。中庭的厚实墙壁构成了一个天然通道。对建筑材料和建筑方式进行筛选时都考虑到了要把二氧化碳气体的排放降至最低。最显著的例子便是冰壶的外表面覆盖着鳞片状材料。这些鳞片状材料由工业回收的纸和塑料的混合物制成。这样，废物被回收制成纸塑混合物，成为一种新的建筑材料。这里使用的纸是防水的。　冰壶展示了如何利用建成的环境来增加社会资本。可持续发展的社会不仅需要经济资本，也需要社会资本。社会资本是竞争性社会的前提，而竞争则又使得可持续发展的生活成为可能。建成的环境为这一过程创建了实际的框架，而芬兰馆的建造目的则是要建造推动未来创新和人际互动的建筑物。

© Lucas Schifres

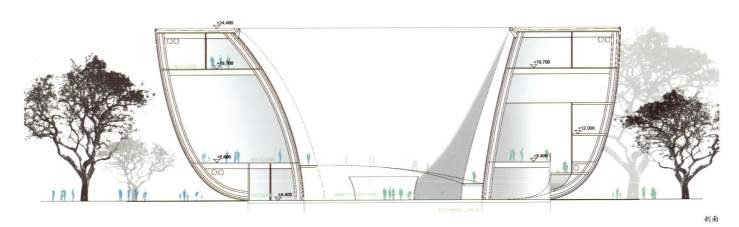

剖面

Shanghai World Expo 2010

荷兰馆
Dutch Pavilion

Zone C

地点：浦东 C 片区
占地面积：4800m²
建筑面积：3194m²
建筑高度：19.91m
外方设计单位：快乐街有限公司
外方建筑师：Ir.John Körmeling
中方设计单位：同济大学建筑设计研究院（集团）有限公司
中方建筑师：赵颖、肖艳文

说起世博会，人们就会联想到最新的建筑材料所构建出的最不可思议的建筑形象，但荷兰馆此次却并不想在这方面拔得头筹，而是采用了朴素的钢结构体系，主体结构为步行桥。沿着这条空间曲线中轴，不知了巨型连续箱梁和支撑箱梁的单排钢管桥柱，组成了"简单"的复杂空间结构。桥面两侧悬挑出的钢平台上整体吊装了一个个建筑物。建筑物采用轻钢框架制作，6个面用轻钢龙骨水泥板覆盖，表面聚脲喷涂。特别是所有的门窗都采用了钢门窗，这在国内，似乎只有老房子和厂房中才能见到。

荷兰馆又称"快乐街"，是由一个螺旋上升的步行道、26个独立的建筑物以及一个构筑物Z楼（饮水站）组成。大部分建筑物为展示建筑，游客不能进入。我们给这些建筑物编了号，从A一直到AA。除建筑物N、Q、W、X、Y、AA直接落地外，其余建筑物都悬挂在步行道两侧，随着步行道标高的变化而变化。

通过人流计算，这条高架的步行道宽5m（局部6m），总长度约370m。步行道从地块东南角的地面入口开始，沿着约1∶12的斜坡上升，经两个折回的转弯后，到达最高点，然后再经过两个大弯下坡，到达地块北侧中部的地面出口。桥面投影近似两个套叠的"8"字形，曲线桥面在中部处横向水平连接。

整个建筑群的制高点是U楼，屋面平均高度为19.91m，这是一个圆形建筑，一片片花瓣在屋顶绽开，如同女王头上的皇冠，同时这也是最大的建筑物。它有两层，单层面积315m²，底层架空，完全向公众开放，二层仅对受邀贵宾开放，有小型的酒吧和厨房设备以满足餐饮需要。二层还有挑空的回廊以及一个

挑空的圆形平台,这里是招待会的中心舞台,主办方在这里欢迎各方来宾。

除U楼外,S楼也仅用于接待贵宾。另外,还有几个建筑物用于办公、放置设备、烹饪食物等。对大多数参观者而言,多数建筑物是不允许进入的。

20多个建筑物的面积都不大,以20m²左右居多,事实上,这些不能进入的建筑是建筑师精心挑选的荷兰建筑的复制品,展示了不同的风格。它们本身就是一个个雕塑作品,是荷兰向公众展示的展品。同时,在这些建筑物中也将布置不同的展览,通过这些小房子,观众可以看见荷兰的不同面。

荷兰馆是一个完全开放的场馆,就像它的名字"快乐街"一样,是一条街道,街的两旁插着五颜六色的旗帜,热烈欢迎来自四面八方的朋友。形式各异的建筑物墙面上,缤纷的霓虹灯闪烁。透过一扇扇玻璃窗,建筑物里的展览不断地变换,令人目不暇接。观众可以在街上漫步游览,也可以在街两侧特别设置的开放平台上休息和远眺,还可以在广场上、街道和建筑物下的阴影里享受荷兰的美食和冷热饮。

荷兰馆的色彩是极富冲击力的,在大面积白色外墙的基底上,步行道表面是鲜艳的红色,U楼的外墙则是明亮的黄色。广场上铺装了双色镶拼的人造草坪,根据荷兰圩田的样式进行设计,绿色代表草地,蓝色则代表水沟,建筑物内同样使用了纯粹的原色,透过玻璃,清晰可见。(文/肖艳文)

181

Shanghai World Expo 2010

意大利馆
Italy Pavilion

Zone C

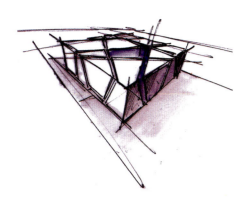

地点：浦东 C 片区
建筑面积：3600m²
建筑高度：18m
层数：3 层
外方设计单位：Iodice Architetti
外方建筑师：Giampaolo Imbrighi
中方设计单位：深圳市建筑设计研究总院有限公司
中方建筑师：罗韶坚、孔荣凯、陈志亮

本届世博会的主题是"城市，让生活更美好"，意大利人将对该主题的诠释浓缩至了意大利馆中，这个展馆代表了"未来的城市"，生活在这样的城市里，人类再次成为主角，城市将处处体现出宜居城市的概念。意大利国家馆设计的理念源于一种很客观的需要：意大利人懂得生活，善于合理分配那些由古老城区、广场、弄堂道路、小规模居住区组成的空间，同时由于科学进步，城市会更多地关注环保材料、可持续发展材料的应用，将两者成功结合，这就是意大利国家馆设计理念的源泉。而这也正贴合了本届世博会提出的挑战性命题。

意大利国家馆由 Giampaolo Imbrighi 建筑师带领他的创作团队设计，展馆既反应了意大利文化价值，同时也加入了东道主城市的元素，作为对上海城市的献礼，展馆的设计中采用了被意大利人称作上海的游戏棒作为设计灵感元素之一。

展馆的建筑面积为 3600m²，高 18m，由面积不等的多个建筑体组成，建筑体呈不规则形状，由钢结构连接成一体，连接处可以隐约看见连接桥平台。设计中考虑并满足了建筑物结构要易于拆卸，并能够在异地进行小规模搭建再建造这一要求。

建筑体三面由平静水面效果的水景环绕，建筑体倒影水景中，水景又增加了建筑体的自然亮度。这幢建筑的明亮效果从室外一直延续到室内，狭窄通道上的开窗将光线透入室内，这里的场景让人联想到城市众多建筑之间狭窄的弄堂小路，不仅如此，由于运用了全新开发出的发光水泥材料，更进一步加大了室内自然光照明的效果。建筑体一部分呈现透视透明效果，另一部分则采用幕墙玻璃形成透明的外立面。与幕墙玻璃形成一体的太阳能发电板能够阻止强光辐射，而整幢建筑照明设计不仅仅只

© 刘其华

是出于分隔空间的考虑，同时也考虑到了建筑体本身节能降耗的要求。

不同的建筑模块组合形成流畅的几何形建筑主体，这也代表了组成意大利民族总体文化的多元的区域文化和传统：象马赛克形成的效果一样，不同角度看到不同的风景，组合在一起形成统一的形象风格。这种设计形状还反应了意大利城市复杂的地域风貌：狭窄的道路延伸下去，庭院、弄堂小路分散铺开，不经意间来到开放的广场上，这同一些中国传统居住区有所类似。室内花园、水景、自然光线这一切营造出室内大庭园的效果，加上侧面隔墙营造出来的分隔效果，这一会令人感到心灵舒适，这也是那些人们日常交往场所所应具备的特质。整套设计思路顺应 2010 年世博提出的可持续开发和节能降耗原则，设计中对建筑外观、能源与环境、设备、技术与建造，材料再循环利用性等方面进行了综合考虑。设计过程中将整幢展馆建筑设想成一部"机器"，这部机器具有特殊微生态气候环境功能，在大幅度节能降耗的同时又能制造出类似自然环境的舒

适环境。在整个微生态气候环境建设中，建筑物的朝向、遮阳处理与集热处理完全按照对自然环境流程进行分析得出的结论进行设计，而不是单纯考虑设计一台能够制热、制冷、照明的机器。这些研究会对未来建筑技术的发展起到至关重要的影响。

整幢建筑室内微生态气候环境系统集中展示在入口大厅的室内生态气候环境设计上。大厅这里代表了室内微生态环境的过渡区域，该区域由大范围幕墙玻璃组成，这些玻璃天冷的季节能够吸收太阳辐射，天热的季节又可以起到凉爽空气的作用。空调系统充分利用了经水幕降温后贯穿而入的穿堂风增加降温效果。利用烟囱的原理，将停留在室内上层的热空气以自然的方式排到室外。这种天然空调系统不仅仅只在入口大厅，建筑上的开窗因起到风道的作用，将这种自然空气调节系统延伸到整幢建筑。散热调节有与幕墙玻璃成为一体的太阳能发电板来调节。这样除了起到遮阳效果外，还可以发电。

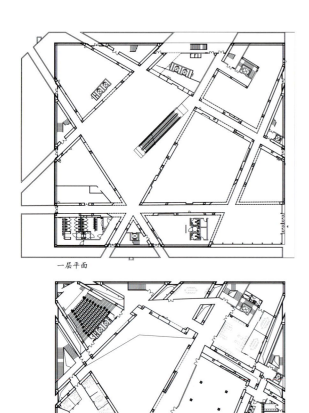

一层平面

二层平面

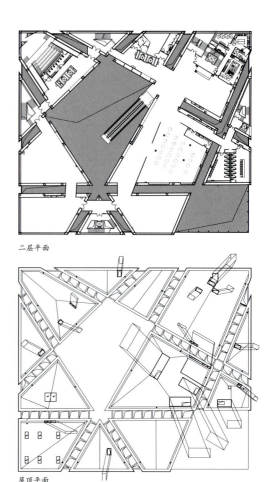

三层平面

屋顶平面

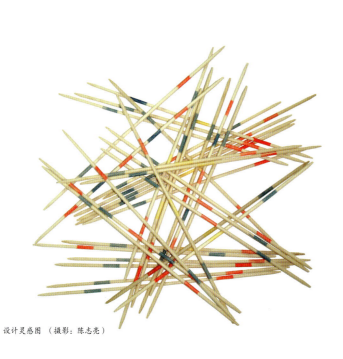

设计灵感图（摄影：陈志亮）

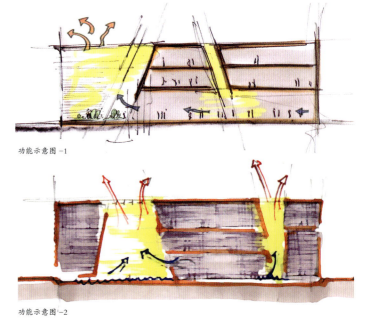

功能示意图-1

功能示意图-2

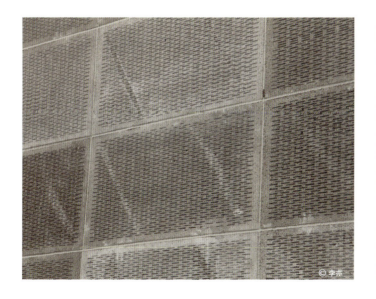

Shanghai World Expo 2010

加勒比共同体联合馆
Caribbean Community Pavilion

Zone C

地点：浦东C片区
占地面积 8200m²
建筑面积：8700m²
层数：1层
高度：12.7m
设计单位：同济大学建筑设计研究院（集团）有限公司
建筑师：陈剑秋、陈琦

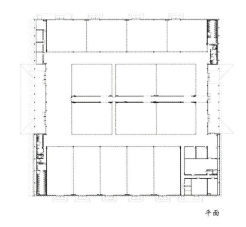

平面

加勒比共同体联合馆主要按照世博会联合展馆的功能和需求定位进行设计，供加勒比14国以及加勒比共同体组织联合布展。展馆按1层设计，总面积8700m²，其中展览部分面积8000m²，内部分展馆按照每个324m²进行预留，总共15个分展馆。空间流线依照参观人流动线进行组织，将15个展馆沿回字形流线串联布置，做到进出人流互不干扰。

建筑外形设计首先满足临时场馆的设计要求，形体简洁、适用，施工方便，便于会后拆除并回收利用。其次，在造型上适当考虑加勒比地方特色，将一些当地的建筑元素融入建筑的外立面设计，整个建筑形体按上下两段进行拆解，有一定的悬浮感，消除了方盒子体量的沉闷，寓意加勒比海上的航船。沿两处出入口方向的立面采用加勒比风格的外廊式设计，有效地解决了排队等候区的遮阳问题。

建筑外立面主要采用彩钢夹芯板设计，施工方便。色彩上以具有加勒比特色的亮白色和浅黄色搭配为主，底部层次以冰蓝色为主，寓意加勒比海的意象。

Shanghai World Expo 2010

加拿大馆
Canada Pavilion

Zone C

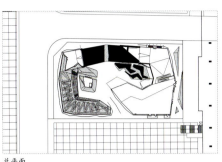
总平面

地点：浦东C片区
占地面积：7259m²
建筑面积：5275m²
层数：地上3层，展厅部分1层
外方设计单位：SNC-Lavalin International，Cirque du Soleil，ABCP Architecture & Urbanisme
外方建筑师：Carl Grimard
中方设计单位：同济大学建筑设计研究院（集团）有限公司
中方建筑师：陈剑秋、王玉妹、孙倩、冉昱立、张瑞

加拿大馆项目基地位于上海世博会浦东段C片区，东临美洲广场，建筑设计立意于使各国参观者体验展馆中信息与智慧的乐趣，更希望向观众传达一个信念，这个国家的居民正在让城市一天天变得更健康、更丰富多姿。整个加拿大国土的居民正因为这样一个中心目标联系在一起。

加拿大的城市集中于东、西、南三侧国境线，在这个国家的历史上，城市自东向西发展形成如今连续的半环状分布。展馆主体建筑的平面形态即是对它的比拟。

连续的半环状亦顺理成章地成为明晰的参观流线。首先是半室外排队区，该区域围绕公共广场中的舞台，放射形的排队流线揭示舞台的方向，人们在排队时可以享受艺术家的精彩表演。经过排队区，人们进入建筑，经过完整的参观后再由折向广场的环形的另一端离开展馆进入"公共广场"。

建筑体量呈高低起伏的姿态，在室内形成连续坡道上的展厅，有助于营造丰富的空间感，并自然而然地满足了放映空间的起坡要求。在室外，半环体量的两个末端高低错落如山间峡谷，在基地东侧面向美洲广场呈开放姿态，成为场地入口；西侧环状体量腾空而起成为场地内外的另一空间联系。

作为加拿大馆的一个重要建筑意向，"公共广场"的缘起正是上述的建筑立意。广场代表了理想的加拿大城市的所有特征：创造性、包容性和文化多样性。这些日常特征在节庆日时向城市各个角落蔓延，将这个寒冷国度的每一个城市都演化为一个无边的"公共广场"，充满着热烈的气氛。

© 刘其华

加拿大馆的"公共广场"将由带形展馆建筑围合而成，建筑师希望通过一个色彩斑斓、欢腾喜庆的建筑，让广场空间充满戏剧性。为此，临广场建筑界面材料的选取曾颇费周折，在考虑了高彩度的玻璃及高反射度的烤漆金属后，最终确定了镜面不锈钢。

镜面映照出每一个参观者，建筑体量因镜中活动的影像而消失。3m间距的竖向网格控制了建筑立面的材料分割线和开窗，均质化使设计的痕迹弱化，建筑立面幻化为镜中人演着每人自己的剧。另一个立面元素——植被墙，同样弱化了展馆的建筑学特征。这些手法使广场作为空间而具有其独立性，使一个小型建筑内院具备了城市广场的特征。广场设有舞台，著名的加拿大艺术团体"太阳马戏"将通过它们的表演完成广场上"戏剧"与"戏剧性"空间的并置以及艺术家"戏剧"与日常"戏剧"的共存。广场还设有微型购物小亭、酒吧、景观水面以及略带超现实色彩的人造树。

与临"公共广场"的建筑立面类似，同样的均质网格遍布建筑的外圈立面。立面包含两个层次，简单和功能性是内层立面设计的原则，而覆盖于其外的第二层立面则是建筑师的重点。外层立面采用了密布的木格栅，木格栅组成约12m²~15m²的钻石形单元。森林是加拿大的宝贵资源，而钻石形态、镜面材料、植被墙以及高低起伏的建筑体量亦构成山脉和冰川的意向，这些都再度令参观者在上海世博会现场遥想起加拿大。

城市广场、城市以及国境，整个建筑充满不同尺度的形态隐喻，同时又通过功能和空间的巧妙安排成为一个现实的场所。（文/孙倩）

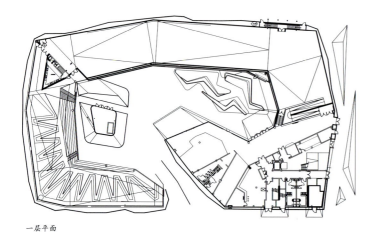
一层平面

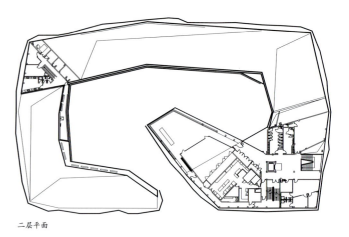
二层平面

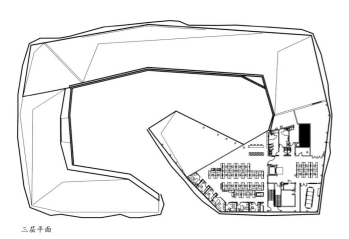
三层平面

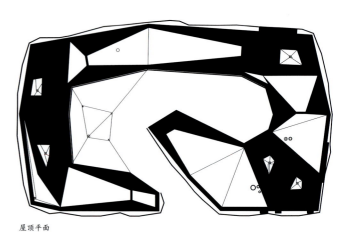
屋顶平面

Shanghai World Expo 2010

捷克馆
Czech Pavilion

Zone C

位置：浦东 C 片区
占地面积：2000m²
层数：2 层
建筑设计单位：SIAL Architects & Engineers
创意设计单位：FILM DEKOR

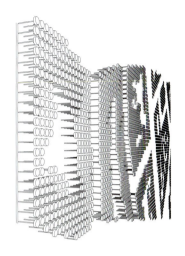

示意图

　　在伏尔塔瓦河的左岸，布拉格的老城区集中着众多童话般的景色，这个原名为"波希米亚"的美丽城市就像一幅巨大的哥特式建筑拼图。此次，捷克馆将布拉格老城区弯弯曲曲、高高低低的石子街道"搬到"了上海世博会捷克馆的外墙上，观众可以驻足寻找著名的布拉格广场。

　　作为租赁馆，捷克馆的造型只是简单的方形，但观众走近就会发现其特别之处——在捷克馆白色的外墙上，数万只黑色橡胶制成的"冰球"拼出了布拉格地图，这是完全按照布拉格旧城区的地图复制而成，真实地还原了整个旧城区的每一个街区的细节。这些"冰球"共有63415只，每只都呈圆柱状，高2.54cm，直径约7.62cm，让白色的场馆变得立体起来。

　　在捷克人眼中，冰球是捷克的象征，它象征着捷克在体育和贸易上的成功：捷克多次在国际重大冰球比赛项目中获胜，捷克制造的冰球也是重要的出口商品，出现在几乎所有的重大冰球赛事上。

　　为了符合上海世博"城市，让生活更美好"的主题，捷克馆将主题定为"文明的果实"，意在展示现代文明发展为城市生活带来的丰富产物，充裕的物质、文化、艺术等等。馆内所有的展品都是原创的，不仅展示了捷克人在音乐、艺术上的成就，也将自然之美和工商业融入其中。

　　位于捷克首都布拉格查理斯大桥上的扬·聂波姆斯基雕像也走进了捷克馆。整个展馆分为左右两部分。在展馆入口的左侧分为上下两层，一层设有多媒体展厅、主题馆、纪念品商店等，而右侧的主展示区是一个在松软的草地上浮动着的城市。一大片起伏的草地占据了大半个展馆，仿佛岗峦起伏，衬托着一个小型的人工湖。从馆顶延伸下来的柱子，也契合草地的高低起伏，代表鳞次栉比的房屋，由此组成了一座绿色的城市。观众漫步在松软的草地上，抬头仰望，会看到柱子悬空的底部是一块块巨大的屏幕，设计师用高科技手段呈现出漂浮流动的城市景观。捷克馆放弃了封闭的展馆，而选择一个开放的空间作为主展区，是希望传达这样一种理念：城市不会限制个人，而是向每个人张开怀抱。

　　主展厅营造出了积极向上的氛围，观众可以和部分展品进行互动。而位于展馆入口左手侧的多媒体展厅，展示捷克用其独特的方案解决交通拥堵、环境污染等城市问题，并用创新形式强调捷克的现状，把捷克的多元文化遗产呈现出来。布拉格保留着大量巴洛克风格和哥特式的古建筑。1993年，国际古迹遗址理事会对布拉格进行鉴定时曾写道："它完好地表现出从中世纪到现代城市发展的过程，可以作为中欧和东欧城市发展的范本。"因此，可持续性的城市规划方式也是捷克馆的重要展示内容之一，将展现捷克既保留了大量的原始历史城区，又结合了21世纪的城市设计，将珍贵的历史遗产和时尚的现代建筑融为一体。

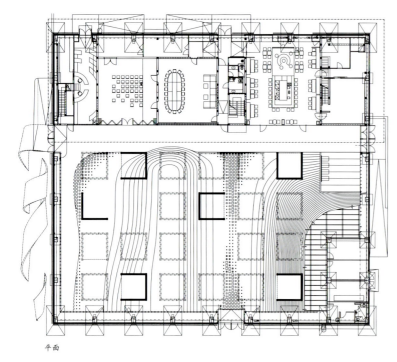

平面

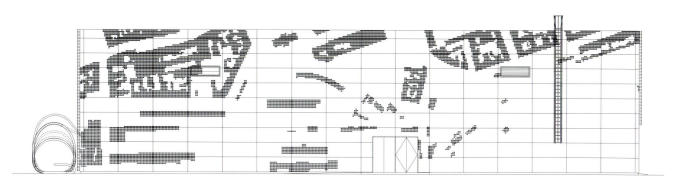

东北立面

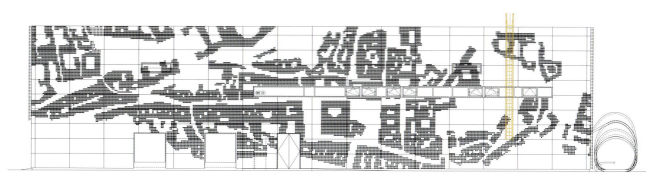

西南立面

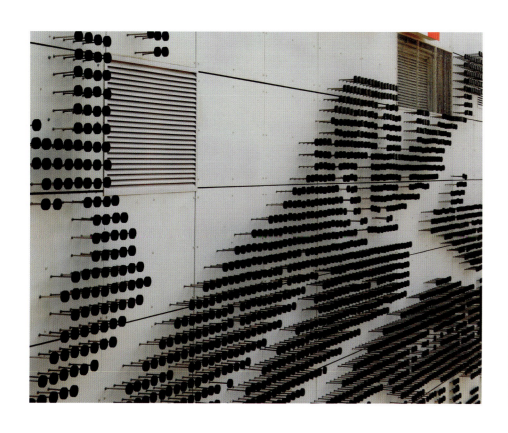

Shanghai World Expo 2010

罗马尼亚馆
Romania Pavilion

Zone C

地点：浦东C片区
占地面积：2000m²
层数：5层
设计单位：SC M&C Strategy Development

罗马尼亚馆的主题是 Greenopolis（green mega polis），由两个关键词组成：绿色+城邦。它以硕大的青苹果形象表达健康、知识、清新、魅力和永恒的绿色城市主题。外观独特、清新，令人印象深刻，一个巨大的青苹果和一片向这个苹果"倾斜"的半个苹果构成了这座绿色城市馆。入夜，随着灯光变幻，青苹果还会变成红苹果、黄苹果。

罗马尼亚馆的外墙是玻璃幕墙材料，内为钢结构，其技术难度不仅在于硕大的建筑体只能用很小的立面来支撑，还在于需要大量的绿色玻璃，每一块玻璃的弯曲度都不相同。

展馆主体部分有5层，包括各综合多功能区域；主楼通道向内自然延伸，免去参观者在区域之间来回穿梭的麻烦，便于访问各展区。走进青苹果首先看到的是一个全天候文化舞台，这里将全天上演罗马尼亚从古典到现代的各种文艺节目，各国参观者不需要语言，通过音乐舞蹈，就可以了解罗马尼亚的文化。参观者可以上二层品尝罗马尼亚美食和葡萄酒；三层是罗马尼亚和中国企业进行商业对话、举办论坛的地方。此外，展馆内还会放映中国参观者喜爱的罗马尼亚精彩电影。主展区在苹果切片上，主题分为三大部分：第一部分从5000多年前新石器时代开始讲述人类文明的历史，强调历史之根是城市发展的基础；第二部分主题为"历史和自然推动的社会和城市的发展"，展现人与自然之间的互动，重点展示罗马尼亚多瑙河三角洲、莫维勒地下洞穴的风光；第三部分主题为"亲近自然的城市生活"，展示罗马尼亚不同阶段的城市文明以及布加勒斯特等特色城市。

另外，变色也是"苹果"的一大奥秘。由于现实中的苹果有绿，有红，也有黄，所以罗马尼亚馆通过灯光的技术手段，实现了"苹果"变色的效果。

卢森堡馆
Luxemburg Pavilion

Zone C

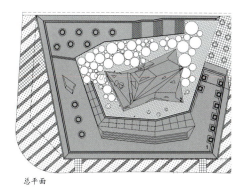
总平面

地点：浦东 C 片区
占地面积：4159m²
建筑面积：2518m²
建筑高度：21 m
层数：2 层
外方设计单位：Hermann & Valentiny et Associes
外方建筑师：Francois Valentiny ,GG Kirchner
中方设计单位：同济大学建筑设计研究院（集团）有限公司
中方建筑师：詹翔、顾英

卢森堡位于欧洲西北部，虽是个小国，却是世界上最发达的资本主义国家，人均 GDP 居世界首位。尽管如此，由于卢森堡国土面积很小，有些人甚至从未听过它的名字。此次，卢森堡希望借上海世博会之机，向世人展示其经济繁荣、国家昌盛的秘籍，即国家的适应性、中立性、开放性以及对外国人的接纳和民族融和。

卢森堡是一个美丽的国度，因为这里的人们都追求优质生活。他们最重要的格言就是"小也是美"。设计师通过对卢森堡传统建筑外形的演绎，最大限度地寻求中国与卢森堡建筑之间的联系。他们以"卢森堡"的中文意义为主题，认真研究了展馆的功能和展示形式，并将其与中国的"风水"说联系起来。设计师大量使用了钢材和木材这两种可循环和再生的材料，一方面体现了卢森堡的国家特色，同时也很好地呼应了本次世博会"城市，让生活更美好"的主题，体现了尊重自然、重视节能、关注可持续发展的设计宗旨。

卢森堡历来重视能源、可持续发展、生态、美学和农业经济等重要问题。这就是卢森堡馆为什么要以钢结构建造来体现其建筑风格，同时又融入绿色空间设计的原因。在中文里，"卢森堡"有森林和堡垒的意思，设计师以此为切入点，使用耐候钢板作为表皮突出卢森堡"钢铁王国"的特征，单层的周边围合建筑突出了中央21m高的塔楼，这些均采用了无规则的造型设计。将耐候钢板作为建筑外饰面的做法在国内尚不多见，其特点是钢板表面的一层自然锈蚀的锈红色给建筑带来了非同一般的外立面

效果。耐候钢板的表皮展示出原始材质粗糙的建筑肌理，而现代的建筑材料（钢材）也表达了对原始粗糙材料（石材）的别样演绎。多面体的不规则造型抽象了城堡的外形特点，通过类似卡通画的手法将主题以现代的手法进行演绎。

立面凹窗的设计，采用玻璃和钢板两种不同的衬板，一方面满足了展示建筑不需要过多自然光线的要求，同时，随机的、自由形状的凹窗打破了单一表皮的枯燥，融入了更多的建筑语汇。同时，将"卢森堡大公国"和"小也是美"的中文字样体现在其周边的围和建筑上，亦体现了世博会建筑特定的、直白的理念表达，以使来访者通过短暂的停留，对建筑的主题思想以及参展国的特色有一个直观的了解。

主展厅位于周边围和建筑的主入口处，参观者在有绿荫遮掩的主入口等候区等待入场，进入主展厅后，人流将跟随引导进入一层的主要展览空间，在这个区域，人们将通过投影屏幕欣赏到卢森堡的悠闲生活、便利的设施和独特的魅力。

出展厅后，人们来到中央庭院，庭院的设计体现了中国园林的特点，满布的水池中漂浮着耐候钢板材质的"浮萍"。庭院中种植了各种各样的植物，圆形的耐候钢板圆形平台构成了参观者的步道。

参观完庭院之后，参观者可通过西侧的楼梯和坡道来到屋顶。屋顶绿化风格多样，参观完屋顶上不同风格的绿化之后，游览者可以通过北侧的楼梯下到地面层。在离开展区的时候，人们可以顺便浏览纪念品商店和餐厅，人们可以在此购买一些有卢森堡特色的纪念品，或者在优雅的餐厅中用餐。

卢森堡的森林面积近 90000hm²，约占国土面积的 1/3。因此，室内设计充分体现了卢森堡的这一特点。室内装饰使用直接从卢森堡进口的杉木装饰，将剖面尺寸为 200 mm × 50 mm 和 250 mm × 50 mm 的这两种规格木材交替使用，以其随意的平面造型获得多变化的室内效果，也令参观者有原汁原味的感受。

由于气候的原因，同时，也因为卢森堡被誉为"欧洲的绿肺"，项目的绿化设计显得尤

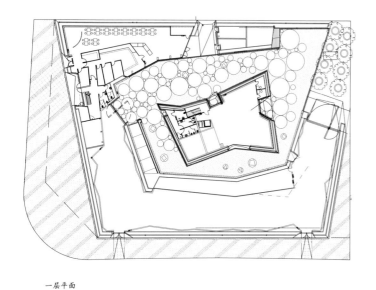
一层平面

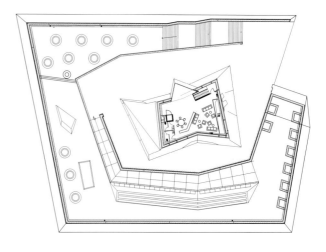
贵宾层平面

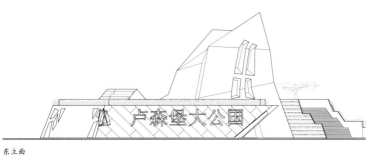
东立面

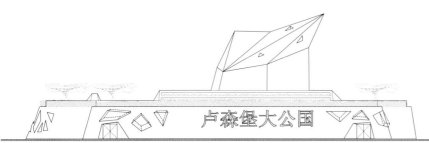
南立面

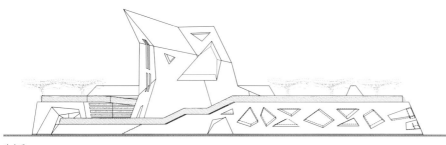
北立面

为重要。设计师亲历亲为选择树种，种植到基地中。

为了避免排队等候的人们受到烈日的暴晒，在主入口的等候区，种植了树木遮阳。

围绕展馆周围设计了爬藤类的植物，这反映了卢森堡"爬藤类植物的生产国"的特点。建筑四周设计了葡萄园风格的绿化，设计师在中国选择了葡萄种植在这里。

屋顶花园将是公众在这里停留、休息、欣赏建筑以及周围相邻的展馆的地方。这里有多种风格，体现了中国的传统文化和卢森堡生活方式的结合。矮篱、树木相互交错，使人感到惬意和舒适。

面向内庭院的墙面也同样设置了绿化，这些绿化烘托出与外观耐候钢板截然不同的气氛，同时，水景的设置也强化了气氛。水中种植莲花等水生植物。

"小也是美"是卢森堡馆所要表达的主题，而美的体现则涵盖了人文、环境、自然等诸多方面，设计师通过抽象的造型手法，借鉴中国传统建筑步移景观的设计理念，东西方观念的巧妙结合，充分地表达了建筑所要带给人们的信息，以及建筑所提供给人们的体验。（文/顾英）

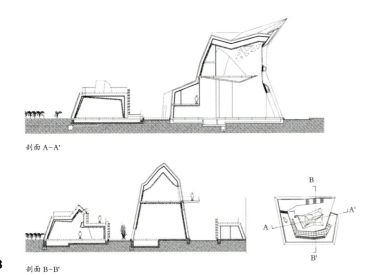

剖面 A-A'

剖面 B-B'

Shanghai World Expo 2010

美国馆
USA Pavilion

Zone C

地点：浦东 C 片区
占地面积：6000m²
层数：2 层
设计单位：Clive Grout Architect Inc.
建筑师：Clive Grout

美国馆位于浦东 C 片区，与巴西、哥伦比亚、秘鲁等其他美洲国家馆毗邻。美国馆占地面积约为 6000m²，如果从空中俯瞰，主要由钢结构构成的美国馆呈现出的是一个巨大的"W"形建筑。于是就有人将此联想为美国的标志———一只展翅欲飞的鹰，而在美国馆的正中恰好是一片颇具规模的绿化地带，就如同是一只"鹰巢"。

本着与世博会的主旨"城市让生活更美好"相一致，拥有丰富世博会建筑经验的设计师克里夫·格拉特（Clive Grout）设计了这一智能型城市结构。美国馆的建筑设计也反映了美国馆的主题。通过展示如何提供清洁能源、绿地、洁净水源以及屋顶花园等，宾客将一览美国城市在未来如何成功地"拥抱挑战"。此外，展馆为确保高能效而使用的各类最新的顶尖技术，其本身也传递了世博会的可持续发展理念。

美国馆将自然气息引入其结构紧凑、低层建筑的都市开发，包括有助于未来城市更加环保的可持续发展元素。例如，采用独特设计的瀑布和倒影池可以降低入口处温度，同时用于减少噪音；而馆内采用的城市绿化植物在带来冷却效果的同时，也有助于提供一个空气清新的生态环境。瀑布将使用循环水。仿效米歇尔·奥巴马在白宫所建的屋顶平台花园，美国馆也将建造一个城市蔬菜花园。绿色屋顶技术将会有额外的热能冷却效应和减缓雨水的泄流排放。

本次美国馆更为重大的任务是向人们展示一个"多种族文化背景之下共同铸造的美国梦"，馆内用四个大小不同的影院组成独特的"美国梦"故事。

首先，当观众进入美国馆内的第一家影院，主要功能是让人放松，电影主角是美国馆总代表费乐友，他将代表美国馆欢迎诸位观众；而第二家影院播放的则是来自美国各界的代表以及他们各自的故事。

第三个影院是四座影院中最大的，也是最重要的。整个影院大约可以一次容纳 500 名观众，并且拥有一个 20m 高的超级大银幕，在这里将播放一部名为《花园》的 4D 电影，电影讲述的是一个女孩希望用自己的力量改变所居住的城市，并且如何克服重重困难的故事。第四个影院则重新回归到上海世博"城市使生活更美好"的主题，讲述美国人的可持续发展城市生活，整个影院由 5 个分别为"可持续性"、"健康"、"生活方式"、"科技"以及"发现美国"的主题立柱组成。

Shanghai World Expo 2010

摩纳哥馆
Monaco Pavilion

Zone C

地点：浦东 C 片区
占地面积：2000m²
建筑高度：12m
设计单位：SYMA
外墙设计：NAÇO architectures

摩纳哥素以一级方程式大奖赛摩纳哥站比赛和 007 电影外景地为人所知晓，此次 2010 上海摩纳哥馆的主题是"摩纳哥：过去·现在·将来，一个演化中城市国的挑战"。作为浓缩摩纳哥所有重要元素的"概念型建筑"，摩纳哥馆展现出了由岩石和璀璨光芒包围出一片美丽的海洋，当夜幕降临上海世博园时，游客们站在远处，即能凭借"湛蓝色波浪汹涌"的"地中海外墙"很容易地找到摩纳哥馆。

展馆的四周被层叠仿佛涟漪的 5 层环形水渠道所包围，极具摩纳哥特色。此外，摩纳哥展馆正前方的外墙上还有一块大型液晶屏用于介绍摩纳哥文化。其中，被包围的 5 层环形水渠道的下部是流动的水源。借助于钢丝网，闪闪发光的波浪被反射到玻璃上。在晚上，内部的 LED 灯还能将它们照出特别的色彩。同时，为了配合世博会的绿色环保主题，外墙材质为可回收的蓝色玻璃，空调冷凝水和雨水亦可通过过滤系统循环使用。

步入摩纳哥馆，参观者将开始一段摩纳哥公国的探索之旅，了解其几个世纪以来令人瞩目的变化、宝贵的历史文化遗产以及城市经济繁荣的发展历程等。摩纳哥馆的设计呈现了摩纳哥公国被地中海陡峭岩石包围的特征，这些岩石象征陡峭岩壁。设计师的创新设计既糅合了现代和传统元素，又包括了诸多新兴概念在内，参观者届时能在展馆内饱览摩纳哥著名的街道及海滩。摩纳哥展馆内还会播放一部介绍摩纳哥历史的总长 6 分钟的影像合成电影，该电影由巴黎的多维数据集创意公司 CUBE CREATIVE 花了将近一年时间完成，作曲家弗兰克·马绍尔特别为影片配乐，恢弘的气势加上音乐以及声效设计，令观众感受到跨越几个世纪的梦想伴随着时代、情感和影响带来的冲击。

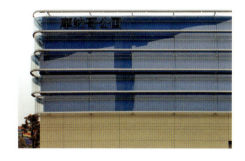

Shanghai World Expo 2010

墨西哥馆
Mexico Pavilion

Zone C

地点：浦东 C 片区
占地面积：4000m²
建筑面积：3500m²
建筑高度：14m
层数：地下 3 层
设计单位：SLOT Architects
建筑师：Juan Carlos González Vidals,
　　　　Israel Alvarez Matamoros,
　　　　Moritz Melchert,
　　　　Mariana Tello Rodríguez,
　　　　Edgar Octavio Ramírez Corrales

　　一片绿色广场，广场上插满杆子，顶着一只只色彩斑斓的大风筝，这就是墨西哥馆给人的第一印象。展馆的3层展厅全都藏在广场的地下，此举令墨西哥馆成为本届世博会中唯一一个主体位于地下的建筑，而天上的风筝和地下宝藏般的展品，让墨西哥馆的创意显得独一无二。

　　由于展馆主体均在地下，所以设计师在展馆屋顶的形态上着实下了功夫。墨西哥馆的主体建筑是个大斜坡，露在地面上的就是个小斜坡，占地4000m²的斜坡屋顶，被打造成开放式广场。广场地面绿意盎然，象征着开放的城市空间，又表达了墨西哥人"还城市以绿色"的想法。 站在广场草地上抬头，你将看到遮天蔽日的风筝森林，该区域也成为了墨西哥馆的核心。这135个"风筝"由回收的塑料制作而成，高度在2.4m~13m之间。风筝一词在墨西哥方言纳瓦特尔语中名为papalotl，而这一单词在西班牙语中则表示蝴蝶，展馆使用这一概念来表达墨西哥对未来的期待。同时，交错而成的风筝森林还可以为参观者遮阳挡雨。

　　从面向大街的主入口进入墨西哥馆的地下一层，人们再次与风筝邂逅。参观者可以从展位上购买风筝，还可以自己亲手做一个风筝。继续走下去，人们在3层地下空间中将走过"回顾过去"、"了解现状"及"展望未来"三个展区，体验墨西哥文化的"寻宝之旅"。墨西哥馆带来的众多珍宝，将跨越墨西哥的史前城市、殖民地城市、现代都市等历史时期。其中最引人瞩目的将是玛雅文明遗迹，墨西哥人将把当地保存下来的玛雅蛇形装饰、图腾、面具等带到展馆中。墨西哥广袤的土地上，还有众多世界文化遗产、丰富独特的生物资源，都将在展馆中一一呈现。完成"寻宝之旅"后，人们将如同亲身游历了一次美洲大陆。在整个旅程的终点，参观者将通过一个500m²的小空间，在这里有一系列互动项目和多媒体展示，让观众能从空间和时间上探索墨西哥的古代城市和现代城市，了解墨西哥的文化、美食和旅游。

　　在世博会期间，墨西哥馆还会设立"无锡日"。世博会后，展馆将会迁移到无锡滨湖区。

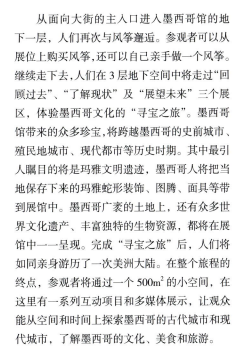

1. SITE

2. EXISTING EXCAVATION

3. CREATING A SLOPE

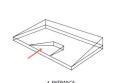
4. ENTRANCE

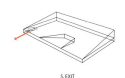
5. EXIT

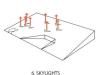
6. SKYLIGHTS

7. SHADED AREA

8. KITES

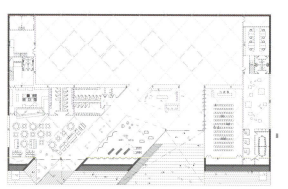

平面

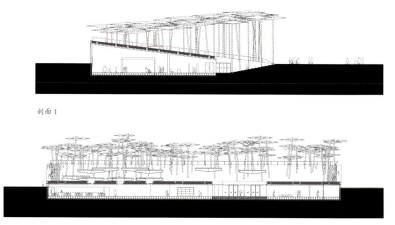

剖面 1

剖面 2

Shanghai World Expo 2010

挪威馆
Norway Pavilion

Zone C

地点：浦东 C 片区
占地面积：3037 m²
建筑面积：1525 m²
屋顶最高高度：13.5 m
屋顶最低高度：3.3 m
层数：1 层
设计单位：Helen & Hard architects
建筑师：Reinhard Kropf，Siv Helene Stangeland

《挪威的森林》作为中国改革开放初期为数不多的译著深入人心，提到挪威很自然就想到挪威的森林。挪威参展 2010 年世博会的理念是"挪威：大自然的赋予"。大部分的挪威城市都是靠近海洋、森林或山，所以挪威将借此机会向公众展示他们是怎样将城市融入自然，同时利用大自然来提高人民的生活质量的。

Helen & Hard 建筑事务所提出了木结构的概念，将 15 棵模型树组成的展馆带到了上海世博会，希望木结构再次得到世界建筑界的关注，并在承重结构中重新引入木材的使用。

挪威展馆是一个由 15 棵模型树所构成的空间，这些"树"将挪威不同自然景观的缩影整合为一。参观者能够在感受城市脉搏和城市人开创进取精神的同时，体验与挪威自然的和谐交融。这些树高低不一，每棵树均有与基础融为一体的树根和空中的四条树枝。以树枝外端为附着点支起的篷布就形成了外观高低起伏的展馆屋顶。这样的结构在展馆内部营造出错落有致的空间，给观众带来轻盈而宽广的感受。

展馆内部浓缩了海岸、森林、峡湾、北极等自然景观，讲述自然与发展的故事。走进挪威馆，首先映入眼帘的就是海岸沙滩，这里展示了挪威怎样通过利用太阳能、风能和波浪能等可再生能源，来提高生活品质、改善城市气候；之后就步入森林。这不是传统意义上的森林，而是由一棵"知识树"来替代，其内涵是

通过挪中两国之间的知识互补和共享，找到新的可持续解决方案。挪威的峡湾这道景观将图解人与水之间的命脉联系，以及污染怎样影响水质和演示水净化技术；在群山与峡湾这两道景观的聚会点上，设置了一个商务中心，身居此处，游客可将整个展馆内的景观尽收眼底，这里也是举办会议、研讨会和其他活动的场所；展馆内的最后一道景观是北极，这片辽阔无际却又充满神奇色彩的景区，则以食品安全、营养和气候作为主要展示内容，这里设置了一家餐厅，向观众提供品尝三文鱼、驯鹿肉和羊羔肉、挪威天然净水、挪威烈酒 Akevitt 以及鱼肝油等挪威特产的机会。

挪威参展 2010 年世博会的理念是对其可持续发展作出了充分的诠释，并将资源利用、节能、社会观念等主题融入到具有创意的场馆建设中。挪威国家馆设计最特别之处在于，它是一个可以拆分的建筑。现代建筑通常都是整体结构，不易拆分，但挪威馆的 15 棵可独立形成结构的树则便于后续回收利用。挪威方面希望在世博会闭幕后，这"15 棵树"能够在中国实现易地再利用，重新"种植"到需要它们的社区。它们将成为挪威参与 2010 年上海世博会的永久纪念。

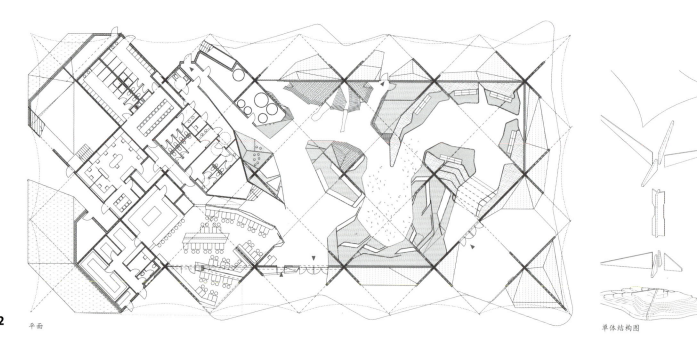

222　平面　　　　单体结构图

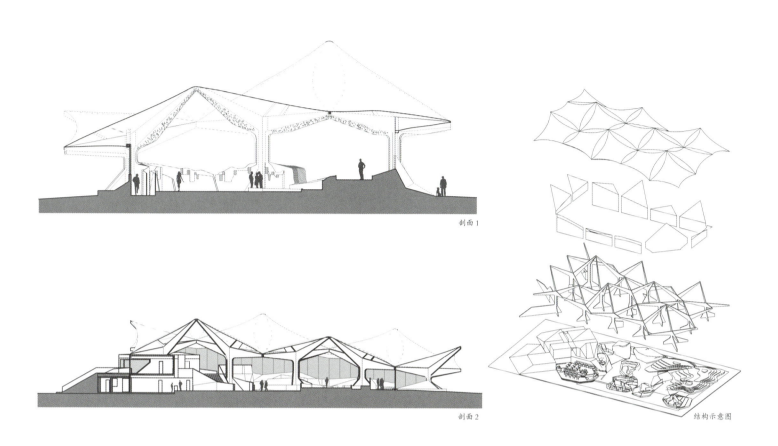

剖面 1

剖面 2

结构示意图

Shanghai World Expo 2010

瑞典馆
Sweden Pavilion

Zone C

地点：浦东 C 片区
占地面积：3000m²
建筑高度：20m
层数：3 层
设计单位：SWECO Group
项目经理：Christer Stenmark
总建筑师：Johannes Tüll

瑞典馆的主题为"创意之光"，希望通过"创新"、"沟通"和"可持续性"这三个关键词来诠释这个充满创意的国度。其设计灵感来自于城市与乡村的互动生活。整个展馆的建筑式样采用传统的城市建筑，由四个相互链接的建筑物组成，四个方形展馆用空隙构成了一个巨大的"加号"，展馆间由全透明玻璃通道相连接，突出了城市与乡村的互动。

瑞典馆占地3000m²，高20m，其中1500m²的区域为展览部分，其余场馆则用于贵宾区、咖啡店和精品店。瑞典馆外墙覆盖有带孔眼的钢板，这些钢板大小、形状各不相同，白色钢板外墙上"阡陌纵横"，形成首都斯德哥尔摩的城区街道图。由于特殊钢板的阳光反射作用，并且与建筑实体间存在间隙，因此也降低了馆内制冷的能耗。

瑞典馆的主体是四个方形展馆，其中入口展馆采用了悬空设计，用瑞典胶合叠层木料撑起钢板外墙，这种材料将木料一层层压制，十分结实并且环保。设计师希望通过这个令人诧异的大厅让人们了解到，木材该如何应用于现代建筑领域，人们该如何选用适当的材料实现节能。作为观众等候区，这个展馆在顶层还有一个露台。世博会期间，瑞典馆在这里准备了丰富的节目。

瑞典馆的另三栋建筑是主要展馆，每个都分为3层，由透明的玻璃通道连接。在展馆之间的空隙走廊里，观众会看到瑞典著名摄影家所拍摄的自然风景图片。整个瑞典馆从空中俯瞰，四座楼之间正好形成了一个"加号"。这样设计的灵感来源于：外部白墙代表城市，走廊上的照片代表大自然，当两者相融合的时候就形成了"十"字，既代表着合作交流也代表瑞典国旗上的图案。在瑞典馆的外墙上，钢板上无数个孔洞亦组成了首都斯德哥尔摩市中心的地图。

"可持续发展"、"创新"以及"交流"是瑞典馆的三个主题词，具体展示了瑞典面对挑战时采取的解决方案，展现瑞典提高城市环境水平的措施和能力，以及新技术环境下，加强交流的重要性等方面内容。每位参观者都可以在瑞典展馆中，兴趣盎然地体验到瑞典的文化、社会精神、工程技术、传统、对自然的热爱，以及最重要的创新精神。

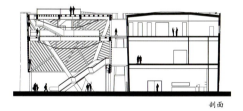
剖面

平面

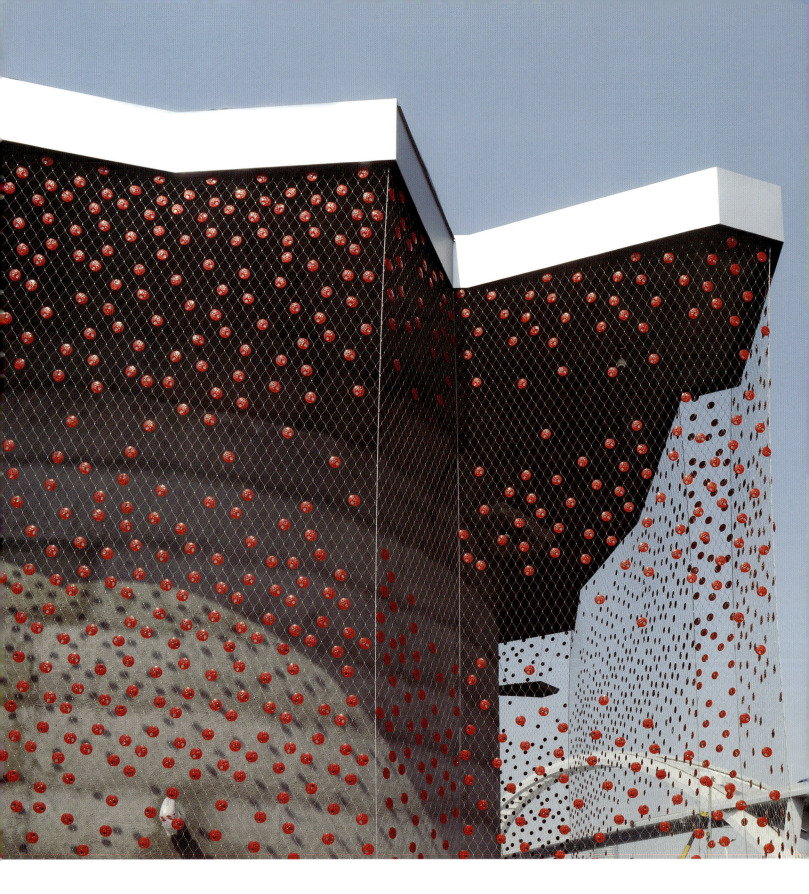

Shanghai World Expo 2010

瑞士馆
Switzerland Pavilion

Zone C

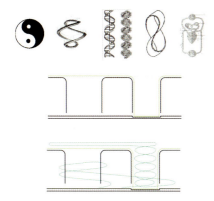

地点：浦东C片区
占地面积：4000 m²
建筑面积：2408m²
建筑高度：21m
层数：4层
外方设计单位：Buchner & Bruendler 建筑事务所
外方建筑师：Stefan Ohey，Friederike Kluge，张旭
中方设计单位：同济大学建筑设计研究院（集团）有限公司
中方建筑师：王文胜、陈泓

瑞士是一个高度现代化的创新型国家，人们的生活方式彬彬有礼，对可持续性发展的意识广泛而深入。瑞士城市和乡村和谐互补，在生态、经济等各方面都保持着相对平衡，城乡间差距较小。这种平衡是动态的、不断发展的过程，这与中国传统阴阳学说的观点有着某种程度上的契合。同时，这种"城市乡村的平衡与互动"也是瑞士这片沃土区别于世界上很多其他国家地区的重要特点。

此次，瑞士馆也将其作为核心思想，并通过参观者对瑞士馆直接的体验与互动来实现。设计师Buchner和Bruendler这样描述道："它是一个鲜明的符号，却并不追求简单的几何形体，而是在不同元素的冲突矛盾中寻求出人意料的建筑体验，并通过一层薄纱似的金属幕帷诗意地联系起来。"

瑞士馆外形如漂游而来的"国度"矗立在不规则形状的坡地之上。屋顶结构设计像是某个国家的政治版图，参差不齐的连续结构边缘可以被想像成曲折蜿蜒的国界线，定义了建筑内部与外部空间界线。曲折的屋面结构边缘垂挂下16m高红色金属幕帷，它如同瀑布倾泻直下至地面，将整个建筑空间囊括其中；幕帷呈开放式网状编织，又仿佛一层神秘面纱将建筑围合起来；阳光透过网间孔隙倾洒进去，形成斑驳的光影，并随着太阳角度转移而缓缓变化。

这层金属幕帷并非只是一层建筑表皮肌理那样简单。它的金属表面上依附着大量植物树脂蛋白材料的光电媒质，在太阳光的照射下将太阳能转换成电能并由储存片存储起来，通过芯片的控制，光能源可为幕帷上的LED照明系统提供充足的能源。芯片、存储片、LED照明系统都被浇筑在这层半透明的植物树脂蛋白材料之中，就像是琥珀一样，剔透可见。因此芯片线路的外观也经过精心的设计。整个金属网的表面附着了成千上万个这样的"琥珀"，在傍晚点缀出发光的幕帷效果。相对于其他光电媒介材料，植物树脂蛋白材料非常环保，它可以被降解，不会对环境造成污染，且打磨加工也非常方便，可制成各种形状的建筑构件。这层幕帷的设计充分体现了建筑师追求技术与艺术和谐统一的理念，注重建筑的可持续发展。

在巨大金属幕帷之内，6个直径大小不一的筒状结构支撑起整个"版图屋面"。幕帷与筒之间形成高敞且流动的空间，光影斑驳，人们仿佛在巨大的山体溶洞中，于粗壮高耸的笋石间穿行，而金属幕帷就是室内外之间的纱帘。参观的人们由双螺旋结构坡道步行进入各层展厅。60个三维望远镜用于介绍瑞士风土人情；主展厅里十几个与真人身高相同的显示屏放映了瑞士公民的真实影像，诉说他们作为普通人在大气环保、可持续发展的建筑、水环保、城乡互动等领域的尝试和心得；3层高的中庭空间里，近距离观看10m高阿尔卑斯山全景巨幕，令人心驰神往。

离开展厅后，人们通过另一条坡道向下走，坡道的尽头是缆车站。瑞士是个多山的国家，自然景观相当丰富，缆车是一种常用的游览交通工具，来自世界各国的人们经常乘坐缆车饱览山河名胜或是去滑雪度假。现在，参观者坐着缆车遵循着太极两仪的图案路径缓缓上升，伸手可及的是巨筒结构内表面上种植的绿色植物，亲切怡人。缆车从巨大的筒中钻出，豁然间整个屋面上大片绿色田野尽收眼界，清新空气中充满了植物芳香，参观者仿佛置身于美丽的瑞士山野之中，彻底从繁冗复杂的都市生活中解脱出来。缆车周而复始地运动，也借此传达出一个理念：美好生活品质和可持续发展应该是一种良性的自然循环。（文/陈泓）

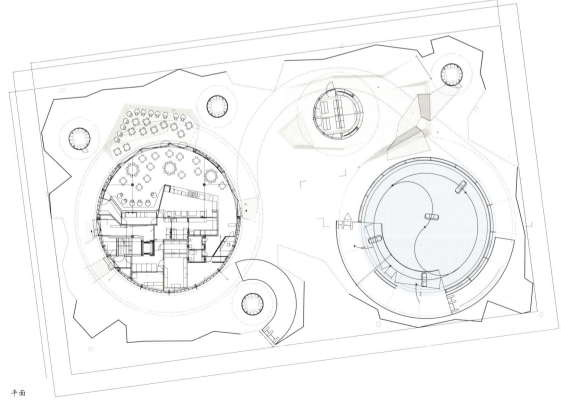

平面

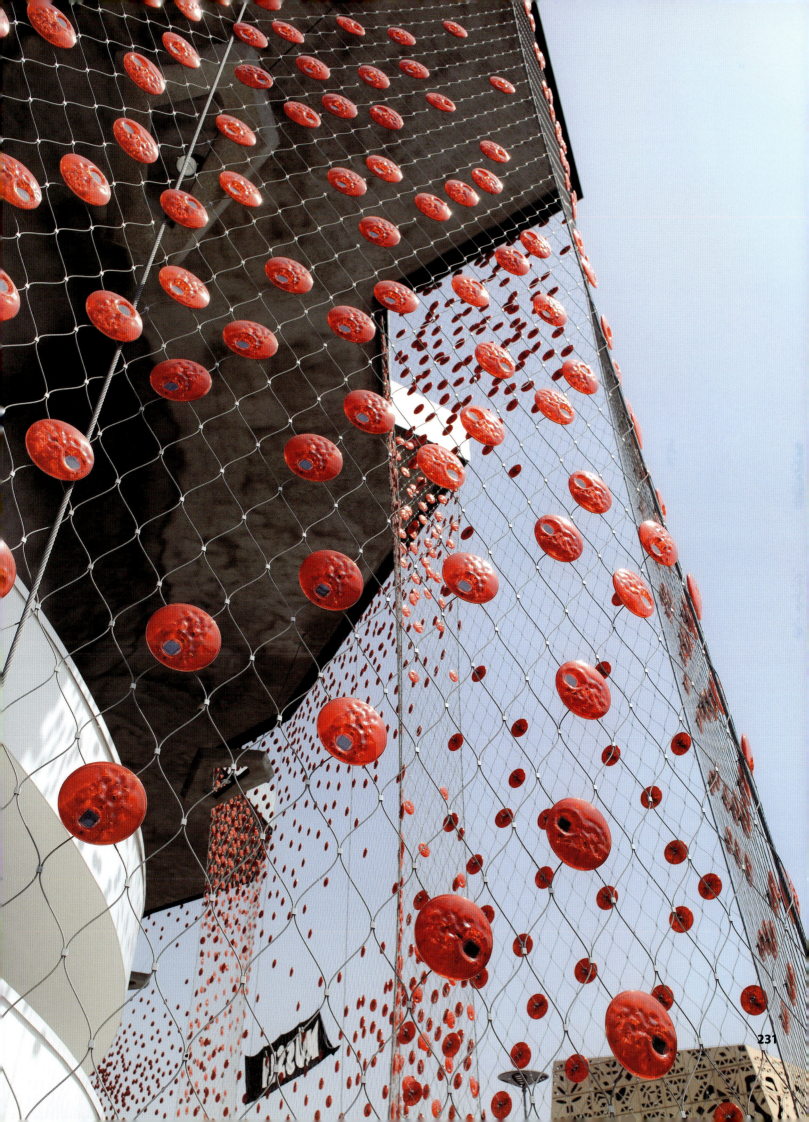

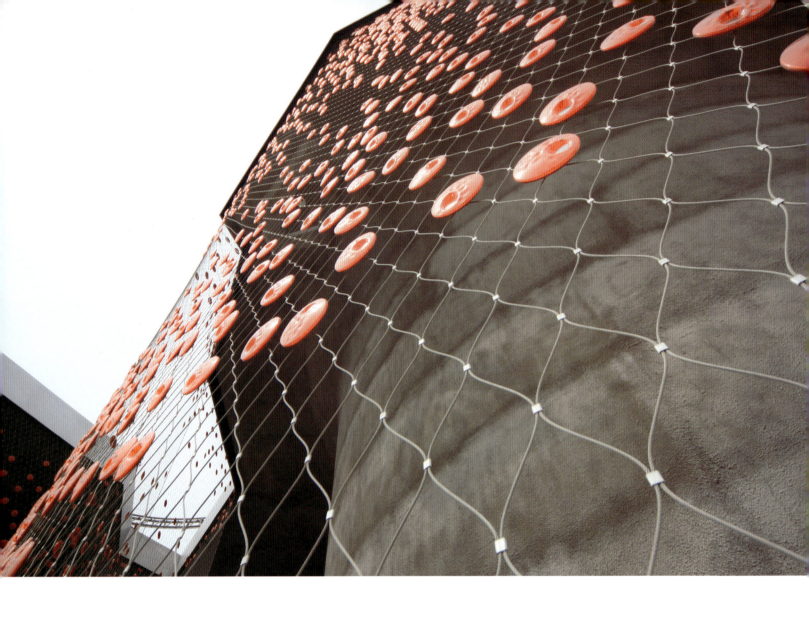

剖面 1

剖面 2

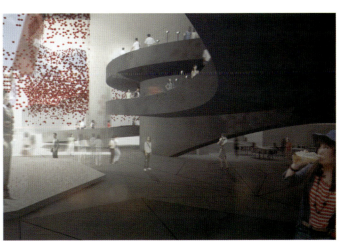

Shanghai World Expo 2010

委内瑞拉馆
Venezuela Pavilion

Zone C

地点：浦东 C 片区
占地面积：3000m²
层数：地上 3 层，地下 2 层
外方建筑师：Facundo Baudoin Teran
中方设计单位：上海现代设计集团华东建筑设计研究院有限公司

委内瑞拉馆在交错连续的空间结构里展现了这个国家的社会变革与多元理念。它采用"克莱因瓶"的表现形式（将一个底部有洞的瓶子的颈部延长，扭曲进入瓶子内，并和底部的洞相连接，就形成一个克莱因瓶），外面与内部相融合，模糊了层次的界限。这一设计不仅加强了空间的整体感，也与委内瑞拉变革中的社会现实相呼应：城市如同一条不间断的道路，前方永无止境。

委内瑞拉馆主要使用空间包括一个半开放的展示空间和一个 250 人的主题剧院，由地上 3 层和地下 2 层组成。这些使用空间和与其连接的室内外空间相结合，结合克莱因瓶的理念，整个建筑布局从空中俯瞰恰似数字"8"。

在圆环衔接处，整个展示设计塑造了一个巨型的"8"字立体红色雕塑，建筑的纵向剖面也形似汉字"八"。这些符号，既体现了城市道路的理念，也暗合了中国传统中对于财富与好运的象征，同时代表了委内瑞拉国旗上的八颗星。

在整个展馆的设计当中，着重考虑了建筑本身与周边绿地的自由呼应以及和相邻场馆的顺畅连接。基地内设计有一个开阔的广场，将放置一座南美解放者西蒙玻利瓦尔的骑马塑像。结合展馆顶部和内部的公共区域，以及玻利瓦尔广场等室外空间，将创造一个与古巴、墨西哥、智利等美洲展馆相邻开放的人性化空间。

场馆的主入口设计参照了委内瑞拉城镇特征的上升的开阔阶梯，引导观众进入入口大厅。开阔阶梯上设置了 8 个声音感应点，向游客介绍 8 个展示区域。

进入展馆后，观众可以拾级而下走进数字"8"中的第一个圆环——夏波诺（Shapono）。这是一种建在丛林之中的房子，好像切去顶部的圆锥一样。整体设计表现为一个环状的半开放长廊，围绕着中心部位的露天集会庭院。文字、影像与音乐绕廊而生，展现委内瑞拉的风土人情。在入口大厅还布置有一个垂直的螺旋楼梯，可通往三层以及顶层天台。

另一个圆环的主体为三层高的主题剧院，模仿着另一种土著建筑——楚鲁阿塔（Churuata），顶部的半球体象征着苍穹，剧院后侧的立柱则代表了生命之树。各类民俗、城市记录和现场演出将在这里上演。更吸引人的是，通过一个委内瑞拉与中国共同发射的玻利瓦尔卫星，千里之外的委内瑞拉街景可传送到你的眼前。

沿着主题剧院的轮廓，一段台阶通往场馆内部的平台，展馆的内与外出人意料地融合了，你还可以从高处俯瞰整个展馆空间。屋顶采用种植土屋面，覆盖着大片红色植物，既让游客体会和自然的清新接触，同时也表达了一种奔放热烈的情怀。

最后，从平台伸展出的室外楼梯会把你引领到玻利瓦尔广场，在委内瑞拉的玻利瓦尔广场现在依然是聊天、聚会和漫步的场所，因此这一经典空间也将在世博重演。

委内瑞拉馆用建筑的语言，包容了那些徘徊在城市边缘的人们，认可不同生活方式的共存。在南美作家博尔赫斯诗歌的意境中，"棚户区"、农耕地区、土著居民的生活都有所体现，传统建筑与城市图景交织闪烁。（文 / 李瑶）

Shanghai World Expo 2010

西班牙馆
Spain Pavilion

Zone C

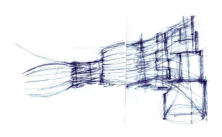

地点：浦东C片区
基地面积：7149 m²
建筑面积：8500 m²
建筑高度：20m
层数：2层
外方设计单位：Miralles Tagliabue EMBT
建筑师：Benedetta Tagliabue
中方设计单位：同济大学建筑设计研究院（集团）有限公司
中方建筑师：郑时龄、任力之、张丽萍、司徒娅

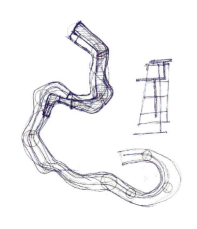

西班牙馆就是一座用柳条编织包覆的建筑，设计师创造性地使用天然的柳条材料包覆整个建筑外立面，表达了中西文化交流的理念。同时，该设计亦颠覆了传统建筑的方盒子形态，以"篮子"的形式连接室内与室外，引导参观流线，创造一系列非凡的空间体验。

在西班牙馆的构思与创作中，对于设计一座柳条编织包覆的西班牙馆，EMBT的主持设计师贝纳蒂塔·塔格利亚布（Benedetta Tagliabue）有着强烈的驱动力。她曾多次访问中国，并察觉到当代城市面临的主要问题是如何沟通传统与现代，而所有人必须根源于传统并将传统融入全新的生活。而以西班牙传统柳条编织手工艺展现曲面造型的新式建筑，很好地契合了这一主张。贝纳蒂塔认为，世博会的理念在于民族认同感、认知与融合，而柳条编织的立面则融合了东西方共有的传统材料和编织工艺，成为连接东方与西方文化的纽带。

编织表皮领域的实践是建筑界近年来开始研究的新兴课题，贝纳蒂塔希望西班牙馆的实践能够为编织表皮领域寻找到新的技术方法。虽然柳条编织这一概念曾经遭到质疑，甚至连业主也一度想放弃这种材料，然而世博会这一绝好机会则给予了贝纳蒂塔这大胆创举的实践机会。

西班牙馆的外形颠覆了传统建筑的方盒子形态，以一系列"篮子"的形式串联起不同的空间。在西班牙馆中，每个"篮子"都是动态的，部分"篮子"上部为屋顶覆盖，部分"篮子"上部完全开敞，形成不同的空间格局。所有的变化也给参观者带来了不同的空间体验。

"篮子"们均由双层钢结构支撑，钢结构外侧覆盖着柳编装饰板，钢结构内侧的围护墙体为玻璃和金属板。建筑集合了钢结构严谨精确、坚固结实的优点以及柳编板的几何塑性。包覆这系列的巨型"篮子"总共需要约8500块2m×1m大小的柳编板，由来自多个地方的工匠协同制作，因此柳编板与钢结构的连接点必须保持最精简的状态，柳编板则被标准化为4种肌理和3种通过自然处理生成的颜色。不同颜色与肌理的柳编板在这些"篮子"上组合将会显现出飘逸的汉字。这些汉字没有连接为篇章，却反映了最传统和纯朴的宇宙观，如"日"、"月"、"全"等。

建筑内部的设计理念是构成内外交错的广场。在西班牙，无论城镇的规模大小，城市中总少不了形态各异的广场，这些广场多由建筑物围合而成，被亲切地比喻为"城市的客厅"，正是这些广场构成了建筑与城市的对话，成为城市文化与社会生活的载体。

通过现代建筑的语言以及形体的巧妙组合，建筑师在西班牙馆的中心位置设计了三面围合的室外广场。通过对"篮子"形态的特别演绎，保证了1000m²的广场拥有最开阔的空间感。

这一"西班牙式"的广场将是整个建筑的心脏以及展览的起点和终点，并将整个展馆的内部空间与外部城市空间紧密地联系起来。

从白天到夜晚，透过光线的变幻，参观者可以充分感受到充盈在广场内的气息——清新、放松、欢愉。白天，自然光线将通过广场的上方，穿越柳条编织洒向广场上的人群和展厅内的参观者，形成跃动的光影；夜晚，展馆内部的灯光将透过立面玻璃，照亮柳编建筑表皮，不仅凸显展馆的变幻肌理，更将展馆内的活动向外投射，连接着广场与城市。（文／司徒娅）

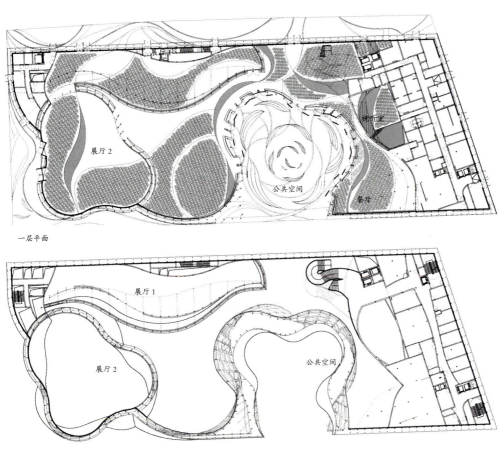

一层平面

二层平面

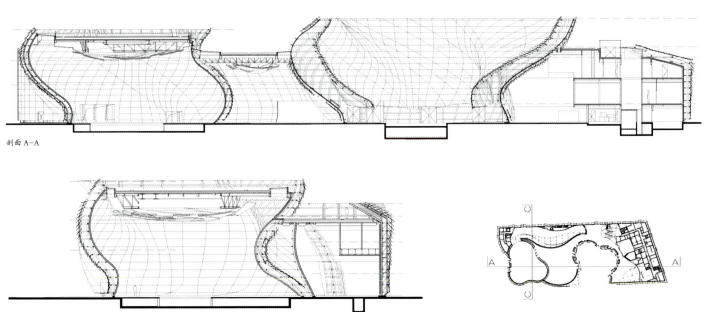

剖面 A-A

剖面 C-C

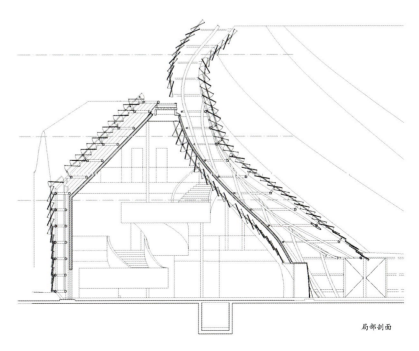

局部剖面

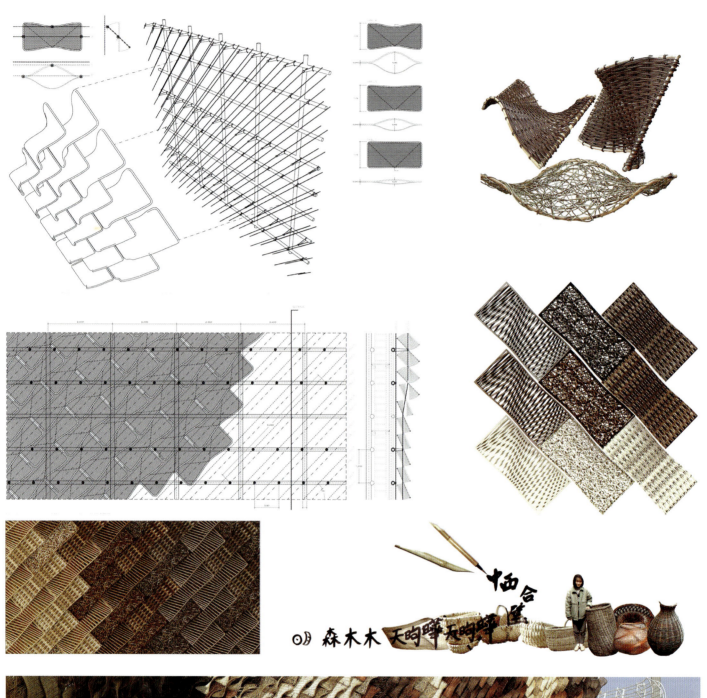

Shanghai World Expo 2010

英国馆
UK Pavilion

Zone C

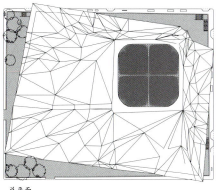
总平面

项目地址：浦东C片区
基地总面积：6575m²
总建筑面积：1802m²
建筑高度：20m
层数：1层
外方设计单位：Heatherwick studio
外方主创建筑师：Thomas Heatherwick
项目建筑师：Katerina Dionysopoulou
中方设计单位：同济大学建筑设计研究院（集团）有限公司
中方合作建筑师：曾群、顾英
项目建筑师：詹翔

想像一下打开包装纸看见神秘礼物时的那一刻惊喜吧。当英国馆矗立于你的面前时，你或许有的就是这般惊喜。标新立异的设计令你颠覆对英国的传统想像：没有沉闷、没有枯燥，整座英国馆就是个"礼物"，作为"礼物主体"的主展馆放置在刚刚被打开的"包装纸"里面，完全是一座充满创新力的"活"的建筑。

英国馆的核心是一座"种子圣殿"，这个6层楼高的立方体木质结构，全身被6万根、长达7.5m的透明亚克力细长管插满。这些伸向各个方向的亚克力细长管，中部固定，两端能随风摇曳，从而使整个建筑像一个活的生物。

场馆的内部更是个耐人回味的空间。每一根亚克力管的内部末端都会放置一个种子，就像琥珀昆虫那样安装在亚克力管内。而这些种子来自于世界著名的种子库The Millenium Seed Bank，这是个专门收集世界各地皇家植物园物种的组织。这一概念表达了设计师另一个重要的设计理念：思考的空间。当人们身处6万个种子的空间中，深入地引发了人们关于生命、自然以及关于人类自身的思考，并且能够反思生命的脆弱，以及未来将要面对的危机，从而更加珍视和尊重自然，善待我们人类赖以生存的地球，在体验空间的炫目、光线的流动以及制作的精美的同时，通过种子——这种最富生命力的象征，来引起人们的反思。

包裹礼物的部分为混凝土结构做成的"包装纸"，上面铺满了色彩独特的人工草坪，几乎占据了整个基地，表达了设计师试图重现英国的绿色环境以及宜居生态的意图。打开的"包装纸"几乎占据了整个基地，并通过不规则的折曲，来体现纸张的感觉。

由于主展馆的入口处在大约5m的标高处，在进入主展馆之前，参观者们将会通过绕基地一周的"包装纸"下面的坡道，缓缓地到达展馆入口。这层高低起伏的铺满整个基地的"包装纸"不仅提供了遮阳蔽日的场所，也形成了丰富的展览空间。设计师充分利用这个空间，通过具有创新感的设计，将展示与建筑相结合，从而使参观者从进入基地开始，通过一系列的展示内容，从多方面了解和认识设计者所要表达的生命主题，并且最终达到展馆内部，使参观的过程犹如一部乐曲，循序渐进地达到高潮部分。

材料的选择亦是展馆设计的亮点，这是设计师经过多种材料的反复比较和斟酌后选定的。首先，亚克力材料是比较普遍使用的装饰材料。最初选定的装饰材料是竹子，但由于其材料形状的不稳定性，以及难以保证不开裂等原因，最终被放弃，最终选择的亚克力材料也安装在6m长的铝套管内，以避免过度的弯曲。其次，亚克力材料具有极好的导光性，这一特点被建筑师充分地运用到了光线的设计中，白天，这些亚克力管像光线丝一样将阳光引入黑暗的场馆内部；而到了夜晚，安装在每根管子一侧的LED灯将使整个场馆亮起来。构成一幅流动的画面。使展馆不仅仅在白天引人眼球，当夜幕降临，灯光亮起的时候，更是具有令人意想不到的璀璨效果。（文／顾英）

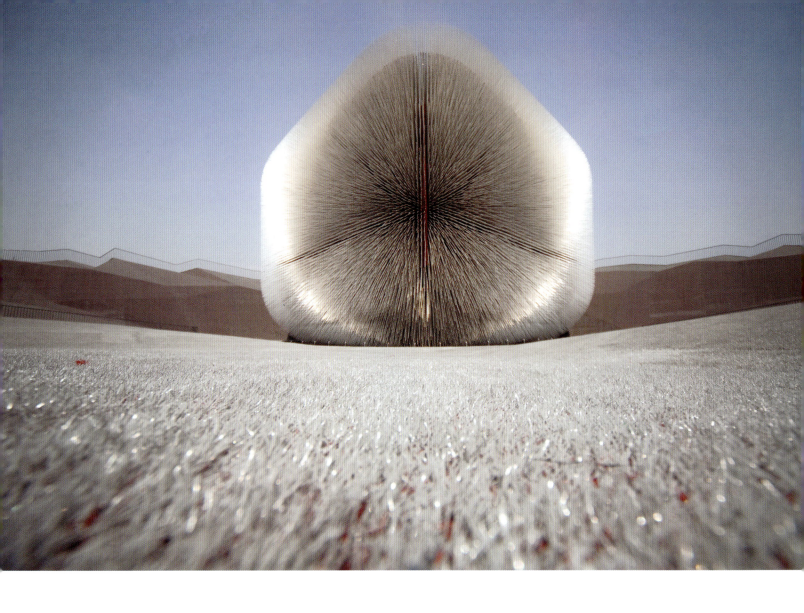

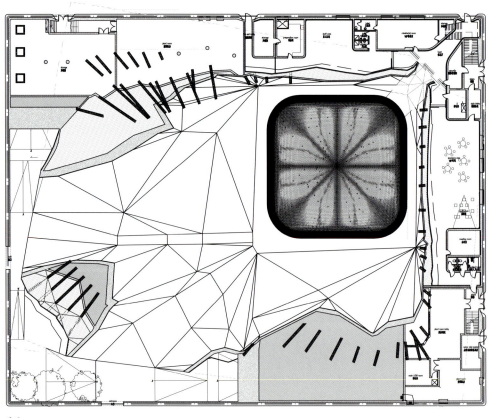

平面

246

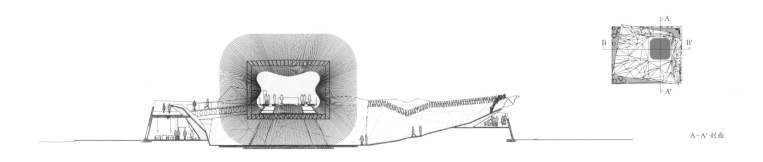

A-A' 剖面

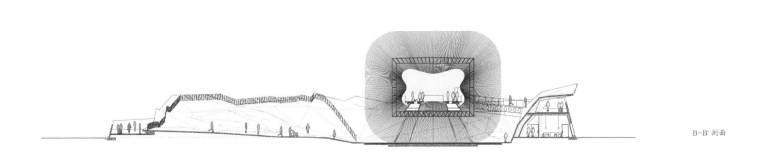

B-B' 剖面

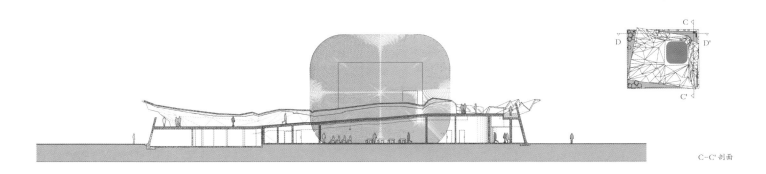

C-C' 剖面

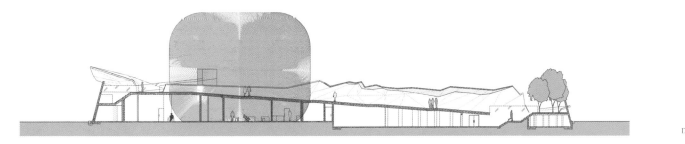

D-D' 剖面

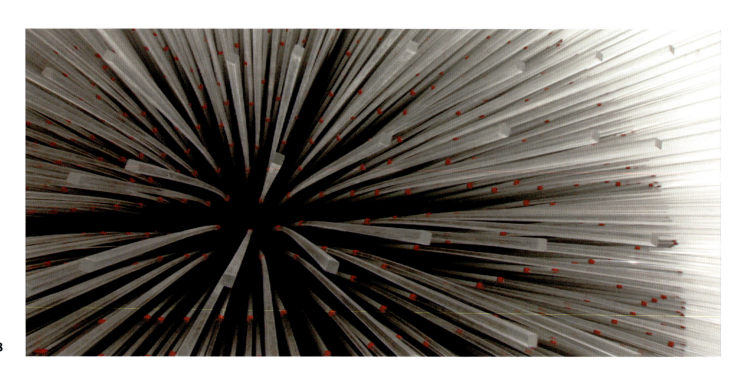

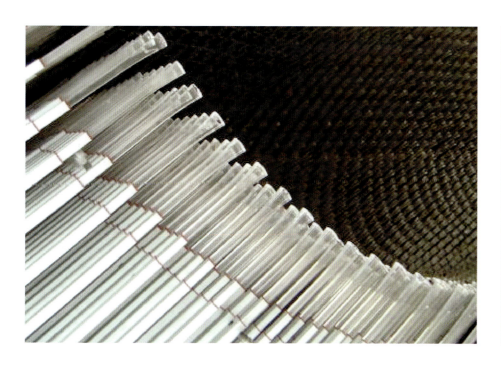

智利馆
Chile Pavilion

Zone C

地点：浦东 C 片区
占地面积：3000m²
层数：3 层
设计单位：Sabbagh Arquitectos
建筑师：JuanPedro Sabbagh

　　智利馆讲述的是一个关于未来城市生活的设想，而"沟通"就是未来城市生活的主题。当今世界多数的城市状态都是缺少沟通的。人们偏爱私人住宅、私人办公室、私人交通运输、私人购物中心、私人占用土地、私人使用时间、个人消费和汽车专用公路。建筑物被理解为成群的私人空间；公共空间仅仅供人们从一个私人空间移动到另一个私人空间，在设计师看来，这种过度"私人化"的现代城市特征实际上是破坏了城市生活的精神实质——交流。

　　智利馆正是基于这样的理念产生的，建筑师希望打造一个崭新的未来世界。不规则的形状强调了这个城市没有规则、没有终点、无边无际的概念。

　　位于展馆中心的那颗巨型种子则是城市内核的起源，在智利馆中，它被看作是这座新城市的源头，同时也被看作是智利人对美好城市的设想。这颗长达 18 m 的种子由智利南部的木材包裹而成，在智利制作完成后再运到上海，并被安置在智利馆一个椭圆形的下沉式广场中；广场四周由一圈大屏幕构成一个虚拟世界，向观众展示未来生活的方方面面。

　　该处也被看作是整个场馆的心脏。设计师对此有个很有趣的阐释，他认为，在这个巨大的广场之中，观众们会发现一口井。当你朝这口井中张望，你会惊奇地发现，井内会冒出一群微笑着向你招手的智利人。

　　除了各种充满想像力的设计，智利馆还十分注重观众与场馆之间、场馆与整个世博园区之间的沟通。智利馆的大部分外立面由玻璃组成，以此表达沟通、透明的概念。如果将智利馆看作一个新城，进入展馆的观众们将被视作城里的居民，这些观众们在一起便构成了这个新城市生活中每一天的自然风景线；还未进入场馆的观众们可以透过玻璃墙看到这座场馆内部城市生活的点滴。参观者可以自由选择进入并且参与其中，或在城外驻足欣赏。

　　与此同时，智利馆内部的各个展馆之间全部由一种叫做 U 型玻璃的新材料构成。U 型玻璃具有透光而不透射的特性，也就是说，在白天的时候，自然光线可以充分地被引入馆内，游客们可以在自然光下游览整个展馆；而其不透视的特性则为各个展厅之间做了有效的阻隔。设计师认为，这种新型材料的使用使得内部展厅之间的衔接过渡更加自然，在展厅与展厅之间穿梭，有一种浑然一体的感觉；而另一方面来说，各个展厅之间同样也保持着良好的独立性。

　　U 型玻璃的另一个好处就是绿色环保。这种玻璃可以掺入 65%~70% 的废旧碎玻璃，属于典型的绿色建材，而且正是因为这个特性，U 型玻璃的价格比普通玻璃更低。非常符合上海世博"绿色、可持续发展"的主题。

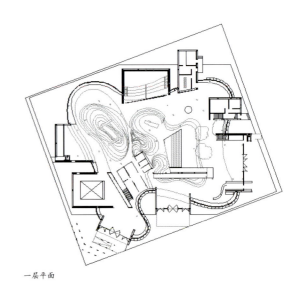

一层平面

立面1

立面2

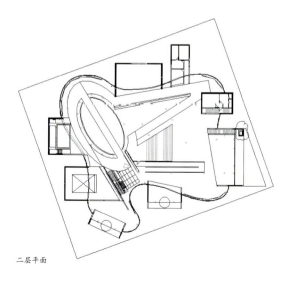

二层平面

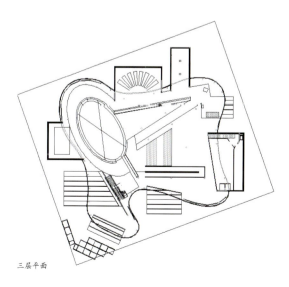

三层平面

Shanghai World Expo 2010

中南美洲联合馆
Central and South America Pavilion

Zone C

地点：浦东 C 片区
占地面积：10718m²
建筑面积：23054m²
建筑高度：28.6m
层数：2 层
设计单位：同济大学建筑设计研究院（集团）有限公司
建筑师：陈剑秋、莫天伟、王玉妹、孙倩、陆露

中南美洲联合馆为单层大空间展馆，主要结构为钢结构框架。该馆为原上钢三厂厚板车间。设计对老建筑进行保留改造，通过建筑改造记录地域历史的进程，新老建筑形成历史、现在与未来的对话场景。

底层大部分面积布置展馆，向北侧园区开放，结合北侧广场形成联合馆主入口；底层两端与老结构框架共同形成小尺度灰空间，成为公共服务设施带，布置问讯、零售、商业、援助等公共服务设施。二层布置大面积餐厅，并向园区一侧形成一处融餐饮、观景和娱乐功能的室外空间。东北角朝向园区一侧布置正餐厅，充分考虑其长时间餐饮的景观需求。其南侧布置三个快餐厅，快餐厅朝向二层餐饮平台开放，共同形成一个更大规模的餐饮空间。快餐厅层高较大，内部局部设置夹层空间，以充分利用老厂房内的净空。

原厂房主体结构留存完整（两侧拆除部分均从沉降缝处拆除），设计完整保留原结构的屋架、柱、吊车梁等展现工业建筑特征的构件。拆除主体结构以外附属、加建部分，通过原厂房的巨型结构突现工业遗产的独特景观和地域文脉。

建筑形体设计将新、老建筑穿插、融合在一起，大部分新建体量谦逊地成为老结构的衬托，而部分伸于老结构之外的体量，如锯齿形

的中庭天窗既张扬了新建筑的存在，又通过其力量感与老厂房巨构达到"形异神似"。加建部分采用独立的支撑体系，与原有结构错开布置，形成独立系统，以突出原有结构的整体表达力，并通过同样模数的轴网建立了新旧结构的统一性。分离的新旧结构也减少了在建设过程中对原有结构进行加固、维修，加快建设过程。

在中庭空间展示老厂房的屋面桁架结构及巨型结构柱，让人们直观感受到它的工业气质。该空间成为整个建筑的核心，展示空间以其为组织构架。设计上秉承"修旧如旧"的原则，除了进行事关构件安全性的处理，对保留的旧结构构件尽量维持原状，混凝土构件仅涂刷透明保护剂，保持原结构原始质感。（文/孙倩）

企业馆
Enterprise Pavilions

Shanghai World Expo 2010

国家电网馆
State Grid Pavillion

Zone D

地点：浦西 D 片区
占地面积：4000m²
建筑面积：6000m²
建筑高度：20m
层　　数：2层
设计单位：CCDI 中建国际（深圳）设计顾问有限公司
建筑师：阎立新、DIRK、郭嘉、陈宇、周彦文

国家电网企业馆位于另外两个企业馆之间，主要参观人员由东南方向的广场进入，这两个企业馆必将影响国家电网馆对广场方向的立面展示；设计考虑从参观人员的视线入手，根据人的视线方向设计建筑的轴线，将建筑最精彩的部分着眼于轴线处，使广场上的参观人员即使仅仅看到建筑的一部分也能感受到建筑的震撼及趣味，进而进入国家电网馆游览参观。

作为整个展示高潮的重要载体，多变的"电立方"策划理念同时也成为设计中重点考虑的部分。设计采取"悬浮"的手法体现立方腾空上升的梦幻感，同时在人们的视觉中心轴线上形成了电立方的一个趣味中心。

世博会是人的盛会，需要充分保证人员在参观时的舒适度及安全性，不应一味追求节能而忽视上海世博期间的气候环境及对参观者基本需求的满足。设计利用魔盒及建筑的架空，形成建筑自有的总面积达 1100m² 的遮阳区，为室外排队者提供遮阳避雨的场所。此区域在方向上顺应上海夏季的主导风向，避免阳光直射的同时，也为等候区的人员引来夏季的凉风，提高人员等候区域的舒适度。设计还考虑采用细水雾降温系统对等候区域进行降温，在满足人员舒适度的同时，加大通道与天井上部的空气温度差，增强通风效果。

作为为居民提供电力服务的企业，国家电网与人们的生活息息相关。设计抓住电网企业最大的特征：供电网络，将网格化的表皮包裹于建筑立面之上，预示着电网企业与人们的生活息息相关不可分割；同时也呼应着上海世博会的主题：城市，让生活更美好。将城市的网络肌理与供电的网络重合，预示着有了电网的支持，城市将更加美好。

设计考虑网格粗细结合，虚实结合，以比喻不同的电压等级以及电网的可持续发展，在二次穿孔板表皮内的网格构架有粗细虚实变化，参观者可透过穿孔板表皮感受到网格的变化。

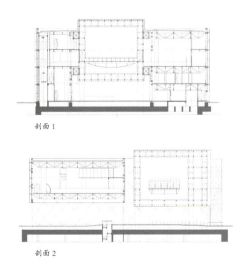

剖面 1

剖面 2

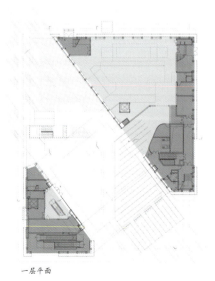

一层平面

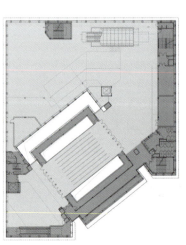

二层平面

Shanghai World Expo 2010

韩国企业联合馆
ROK Corporate Joint Pavilion

Zone D

地点：浦西 D 片区
占地面积：3000 m²
建筑面积：3467 m²
层数：3 层
建筑方案设计单位：海眼综合建筑士事务所
建筑师：宋容勋
施工图设计单位：上海兴田建筑工程设计事务所
建筑师：杜富存

如何有效利用有限资源实现可持续发展是当今全球面临的重要课题，也是一直为各国企业所关注的问题。在2010年上海世博会上，韩国企业联合馆将以"绿色城市，绿意生活"为主题，展现韩国企业对可持续发展的思考与探索。设计师从柔和律动的韩国传统民族舞蹈"象帽舞"中获取灵感，建筑盘旋而成，隐喻人和环境、文明的相互缠绕循环。

韩国企业联合馆的外立面采用了可再利用的合成树脂膜材料，酷似水波强劲而优美地环绕在整个建筑物上。水波的造型将文明和人、城市和自然连接起来，融为一体。考虑到世博会结束后需撤场的特性，展馆方计划把建筑物外膜合成树脂做为铭记韩国企业联合馆的纪念品发放，实现世博会主题"绿色城市，绿意生活"。

展馆通过照明，将盘旋的设计效果最大化，并在不同的时间段里采用多样且柔和的照明。夜晚，建筑外观会交替呈现五方色——青、赤、黄、白、黑，将建筑物变成一道美丽且色彩多变的风景。整座建筑物本身就成为一个展览物，成为一个璀璨的发光体。

韩国企业联合馆由12家韩国企业共同打造，展示了诸多与城市生活息息相关的"绿色"高科技，包括IT尖端技术、能源循环利用等方面的研究成果。展馆共分三层，将会带来三种不同的生活体验。参观者可从一楼搭乘电梯直接来到三楼，三楼是一个体验区，通过互动项目展示智能化的城市生活；从三楼走过一个长长的斜坡，便可来到主展区二楼，该展区呈圆锥状，在四周螺旋形的坡道上，布满了4D展示屏，参观者可以边走边看，尽情"遨游"，体会"绿色"高科技给生活带来的便利；参观结束后，可乘坐电梯回到一楼。展馆同时也为VIP和残疾人设置了电梯，以区分与普通观众的参观线路，避免了杂乱的环境。为了物品的运输，展馆也另外设置了货梯。

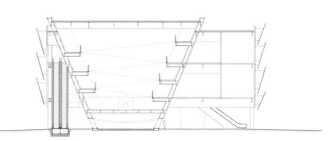

一层平面　　　　　　　　　　　　剖面

中国民营企业联合馆
Chinese Private Enterprise Pavilion

Shanghai World Expo 2010

Zone E

地点：浦西E片区
占地面积：6000m²
建筑面积：5848.93m²
建筑高度：19.4m
层数：2层
设计单位：Ansinternational Design &Consulting Pty.LTD

中国民营企业联合馆的设计理念源自此次场馆的主题——创造力的无限活力，设计师以"细胞"为设计灵感，给人以充满生机与活力的感觉。展馆的入口通道由绿色植物簇拥两旁，形成一条绿色的进入场馆的走廊。地上绿色的走廊与空中的七彩将融合成一幅美丽的景象，参观者进入场馆时就像缓缓地步入一个生机盎然的中国民营企业的世界。

建筑以"细胞组合体"为创意元素，展现细胞由弱到强、由小到大的无限能量。同时，细胞具有与生俱来的活力，其不断裂变，整合形成生命体的过程，也呼应了展馆主题。

展馆由多个巨型圆柱体排列组合而成，每个圆筒可以看作是一个充满活力的细胞，象征独立生命体，细胞不断裂变、整合形成生命体的过程，正象征着民营企业由小到大、由弱到强的发展经历，也象征着中国民营企孕育发展的强劲未来。这些圆柱通过完美协调的曲线有机结合，形成具有波纹形状的外墙，预示着民营企业联合所将迸发出的无限活力。

外墙材料采用"智能膜"，随着观看角度以及太阳照射方位的变化，会产生不同的视觉效果。到了夜晚，除了影像之外，还配以照明、音响以及特殊演出手法，整个展馆流光溢彩、精彩纷呈。

展馆屋面由42个标高平面构成，从19.4m到6.6m不等，这是为了满足馆内展区的不同功能要求而设计的。整个建筑高低错落，结构形式相当复杂，丰富的层次变化在光线的映衬下带来了强烈的视觉冲击，但同时也给技术人员带来了极大的挑战。相关人员经过多轮反复验证、讨论及多次实样制作，才确定了在如此复杂的屋面上同时解决保温、防水、防火以及俯瞰效果等问题的实施方案。此外，世博会对消防要求又非常高，必须选用非常规的材料和工艺，才能满足消防方面的高标准。民企馆凭借该屋顶还曾被网易评为世博会九大奇特建筑之一。

Shanghai World Expo 2010

上海企业联合馆
Shanghai Corporate Joint Pavilion

Zone D

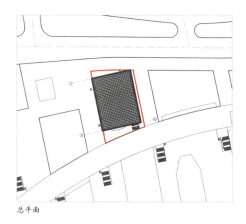

总平面

地点：浦西D片区
占地面积：4000m²
建筑面积：4949m²
建筑高度：22.5 m
层数：3层
设计单位：北京非常建筑设计研究所
项目主持设计：张永和
项目负责人：臧峰
项目团队：王兆明、刘鲁滨、沈海恩、王宽、仇玉骙、梁小宁、
　　　　　王林、吴瑕、张明慧、邓宏辉、吴杰、陈冠楠

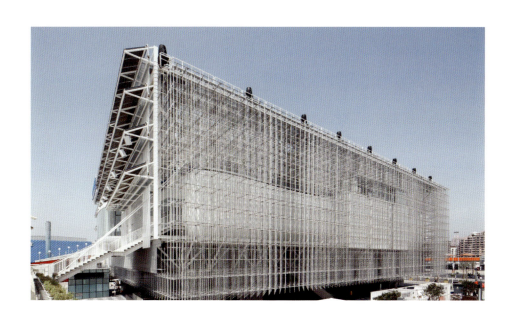

　　1976年，由伦佐·皮亚诺与理查德·罗杰斯设计的巴黎蓬皮杜中心建造完成。整栋建筑的内部结构完全暴露在外，并将纵横交错的管道系统作为建筑表现形式，凭借此史无前例的未来主义设计，蓬皮杜中心成为了建筑领域的重大突破。

　　至2010年，我们已经历了高速的技术发展，建筑内部的大量技术组件亦将成为建筑的基本元素，我们希望将这一观察应用到上海企业联合馆的设计中去。上海企业联合馆是一个自由、流动的空间，它不仅是由墙围合界定形成的，更是由密集的技术网络立方体包裹而成。在这个技术网络立方体中，LED塑料管与喷雾系统可以依照电脑程序的控制，不断改变建筑的外观。

　　不过，企业联合馆的设计并不是"为技术而技术"。首先，我们希望通过这些复杂的技术和外观变化，在视觉上向人们传达上海企业联合馆的精神，和人们对美好未来的梦想。技术不仅凝结着丰富的想象力，还象征了上海的工业与工业精神；其次，我们还希望通过技术来探究和解决日益严峻的能源和可持续发展问题，例如新型塑料材料的使用、太阳能和雨水的采集。

　　据不完全统计，上海每年产生的废旧光盘在3000万张以上，却只有25%回收与再利用。如果将这些光盘回收清洗，可以再造出新的塑料（聚碳酸酯）颗粒。上海企业联合馆的外围立面材料采用聚碳酸酯透明塑料管，将各种技术设备管线容纳其中，共同构成建筑虚幻隐约的外立面。当世博会结束后，这些塑料管也很容易进入到再生循环体系之中，节省社会整体能耗。

　　上海企业联合馆场地范围内的雨水也将得到回收，经过沉淀、过滤和储存等技术处理之后，它们可用作场馆内的日常用水，也可为喷雾方案提供水源。喷雾方案不仅能够降低局部环境温度、净化空气，带来舒适的空间小气候，更能按照程序的控制，在建筑底层形成丰富多样的喷射图案，令上海企业联合馆的整体外观呈现出多变、飘逸的特点。

　　上海企业联合馆也在屋顶上布置了1600m²的太阳能集热屏，收集太阳能生成的95℃热水，并通过超低温发电新技术发电。该技术开辟了利用太阳能发电的全新途径，这些电能可供展馆的展览和日常用电。

　　世界博览会是通向未来的窗户。作为国际化大都市，上海不但传承了历史辉煌的荣耀，也同时经历着飞速的发展，而且始终保持着一种面向未来的乐观主义精神。借2010年世博会之机，上海企业联合馆将通过设计来诠释上海——这座21世纪伟大城市的独特魅力。（文/张永和）

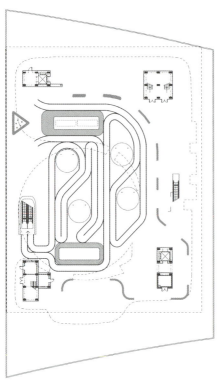
一层平面

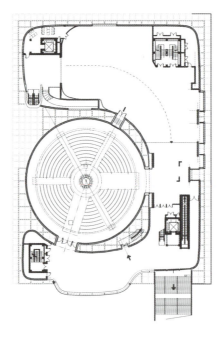
二层平面

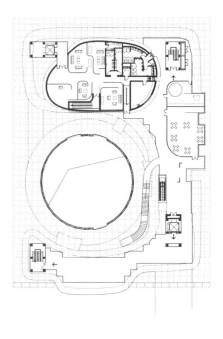
三层平面

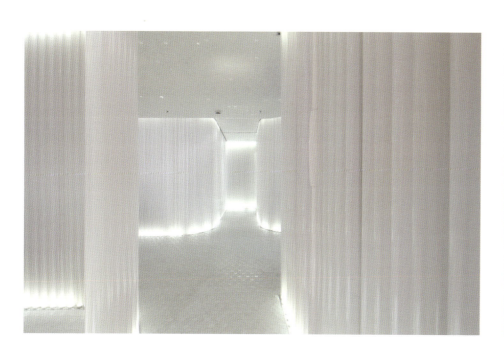
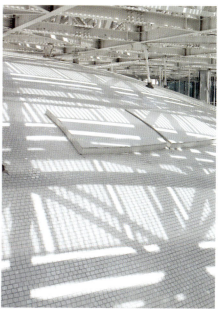

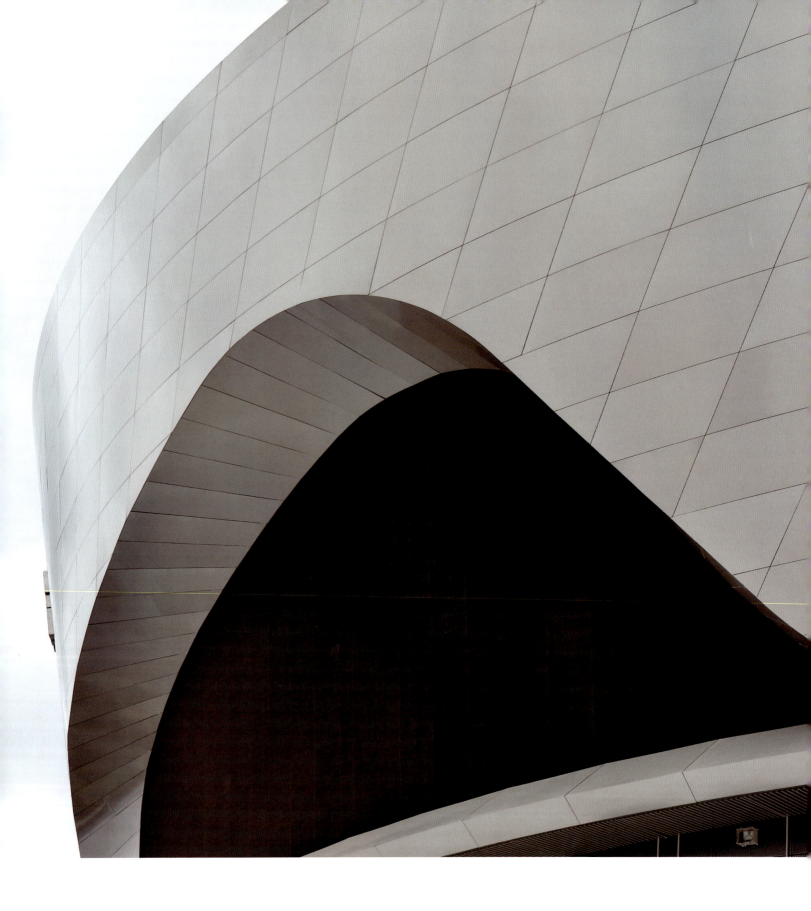

Shanghai World Expo 2010

上汽集团 – 通用汽车馆
SAIC-GM Pavilion

Zone E

地点：浦西E片区
占地面积：3713m²
面积：9996.1m²
建筑高度：27m
层数：4层
设计单位：上海现代设计集团现代都市建筑设计院
建筑师：戎武杰、刘缨、黄恕、方舟、华星

上汽集团-通用汽车馆的设计宗旨是"科技与未来的革新理念"，外观设计呈螺旋形曲线，将大自然与汽车工业巧妙关联。无论在地面的大型广场还是高架平台上，参观者步移景异，摄入眼帘的建筑轮廓线高低错落、变化无穷；"天使之眼"、"炫动舞台"、"未来之窗"，数个充满奇思妙想的主题也将提供给参观者非凡的感官体验。步入展馆内部，等待参观者的将是全球首创的尖端视觉与动态体验。

汽车馆的表面由4000多块锥面铝单板包裹着。每一片铝板都是近似平行四边形，且每片的弧度都不相同，它们结合在一起，形成一个科技与艺术完美结合的异型幕墙体系。这4000多块不同形状铝板的组合，充分体现了汽车制造上精加工工艺能带来的完美的艺术产品。当人们围绕汽车馆进行参观时，其幕墙的每一个角度都将带给参观者不同的观感。4000种弧度的铝片组合变幻出不同的脸谱，形成一座极具视觉冲击力的建筑雕塑。

除了由大量铝片构成的幕墙，汽车馆外观上的投影、LED屏幕、变色玻璃等高科技手段，成就了其"变脸"的一大特色。汽车馆的表皮界面因为这些高科技手段而产生丰富有趣的肌理变化，带给观众前所未有的视觉冲击。平日可以具备很强的随机性，但每当节日、活动来临之时，汽车馆的外观又可以具备极强的主题性，为节日增添氛围。

"天使之眼"是通过现代的高科技手段，在汽车馆的建筑外墙上刻画出的一个洞。其造型灵感来源于汽车车灯。洞的背后镶嵌着一块两三百平方米的巨大LED屏幕，这个屏幕将播放很多与汽车文化相关的图画、信息以及2030主题的视频集。通过不停变幻的绚丽画面，传达着场馆内的信息。

作为汽车馆灯光视觉效果上的一大亮点，绚丽的"天使之眼"令汽车馆大放异彩，但汽车馆的主体照明则充分体现了汽车馆的灯光设计宗旨，即简洁、大气，并充分展现汽车元素与汽车文化。为了保证汽车馆螺旋外观的流畅与完整，设计师力求不让观众在汽车馆的建筑上看到任何的灯具，也就是俗称的"见光不见灯"。这样的灯光效果增强了神秘感和观众视觉上的舒适度，汽车工艺的微妙线条和完美弧度也向人们隐隐展现开来。此外，汽车馆的各个细部也精心设计了点缀型的灯光，包括坡道的暗槽、屋顶、扶手等暗藏的灯光，给观众参观过程中以引导性作用的同时，也突显了汽车行业精细化与人性化的服务理念。

Shanghai World Expo 2010

石油馆
Oil Pavilion

Zone D

地点：浦西 D 片区
占地面积：4000m²
建筑面积：6190m²
建筑高度：20m
层数：3 层
设计单位：上海现代设计
　　　　　集团华盖建筑设计公司
建筑师：武申申

石油馆以"石油，延伸城市梦想"为主题，通过奇幻的内容与声、光、电、三维影像等共同打造体验效果，让观众经历一次充满奇幻色彩的时空之旅；在震撼和惊叹中，了解石油及其给人类文明进步和城市发展作出的重要贡献，了解三家石油公司的人文精神、社会责任和未来发展。

石油馆四面采用了 PC 板材并结合 LED 背景光源作为建筑外表皮，面积达到 3600m²。这是国内首创采用如此大面积的异形 PC 板材作为建筑外表皮，也是国内首次运用如此大面积的 LED 背景光源。

展馆造型简洁、大气、稳重、极富时代感和行业特色。一根根上下纵横的管道编织在一起，极富时代感和行业特色。整体外形犹如一个巨大的能源处理网络体系，寓意地下蕴含的石油正是美好城市的主要动力源泉。建筑材料采用新型绿色石油衍生品，探索石油石化产品的广泛用途。夜幕下，展馆将呈现出晶莹剔透、七彩动感、美轮美奂、异彩纷呈的光影效果。

石油馆空间布局分为预展区、主展区和尾展区三部分。预展区通过多媒体技术结合石油石化行业的虚拟场景，拉近石油与参观者的距离；主展区采用 3D 影院充分演绎和诠释"石油，延伸城市梦想"的主题；尾展区展示三家企业的业绩、文化、科技和未来。

Shanghai World Expo 2010

万科馆·2049
Vanke Pavilion

Zone E

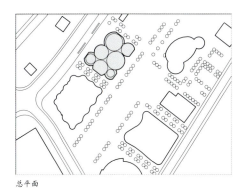
总平面

地点：浦西 E 片区
建筑面积：3309m²
建筑高度：18.09m
层数：3 层
设计单位：北京多相建筑设计工作室

万科馆的建筑设计不仅希望让人联想起在田野里堆积的麦秸秆垛，还希望建筑唤起人们欣赏、尊重、接受自然的观念与信心。由于建筑外墙面使用了秸秆板，万科馆的七个圆台宛如七座金灿灿的麦垛矗立在黄浦江西畔。三个正圆台与四个倒圆台围绕着四周通透的中庭交错布置，圆台内部是独立的展厅，顶部通过透明采光膜连成一体，外部环绕着1300m²的景观水池。

自然材料：秸秆通常指小麦、水稻、玉米、棉花、甘蔗等农作物在收获籽实后剩余的茎叶部分。秸秆板是以秸秆为原料，经热压成型制成的建材。农作物光合作用的产物有一半以上存在于秸秆中，由此制成的秸秆板就将秸秆中含有的 CO_2 固化了。这种材料不仅对环境友好，新秸秆板的自然纹理和金黄色泽都会让人感受到生命的健康与丰盛，但如同任何生命会衰老死亡一样，秸秆板的色泽也会随着时间的推移而变化。万科馆希望通过这种自然的褪变可以传达一个观念，即如果人们尊重自然的应有状态，就会减少与自然的无谓对抗。

自然采光：七个圆筒及中庭顶部都留有采光天窗。自然采光不仅是为了节省能源，更重要的，我们要让建筑表现自然光之美：光线从顶部进入建筑，或形成光斑，或在建筑内部漫射；加之随着云对太阳的遮挡，早中晚光色光强的不同，建筑内部的光效也随之变化……人们可以从中领略到各种表情的自然光带来的魅力。

自然降温：围绕在建筑周边的水池不仅仅是景观的需要，同时在室外空气温度超过30℃和相对湿度超过70%的时候，水的蒸发可以降低进入室内空气的温度，而这些水池的水将使用从屋顶收集的雨水。在室外等候区和中庭，则设置了人工造雾降温设施。水池的补水将使用从屋顶收集的雨水。

自然通风：万科馆应用了热压、风压两套自然通风系统，从而尽量利用自然通风，尽可能减少空调使用的时间。

在大多数筒状建筑的屋面均安装了数量不等的无动力自然通风器（涡轮通风器），此通风器在温和季节靠自然风无动力运行，利用自然风力抽出室内空气。通风器在使用空调时通过电动风阀制动。各圆筒中央均设有电动高侧窗，在适宜的季节可开启，利用屋顶位置与地面的温度差实现自然通风。

中庭上部的 ETFE 膜气枕与女儿墙顶留有空隙，ETFE 膜在阳光照射下温度升高，可以加热中庭顶部空气，使顶部空气温度高于地面空气，实现热压通风。

中庭在 4 个方向均有开口，利用风压实现自然通风。因为中庭周边的倒圆台形成的空隙都为上小下大，外部的风在经过这个建筑的时候，空隙下部的风压加大，人会感到更凉快。

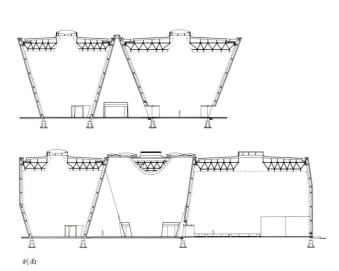
剖面

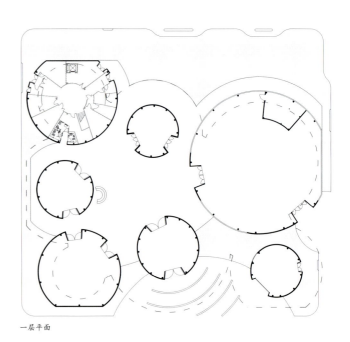
一层平面

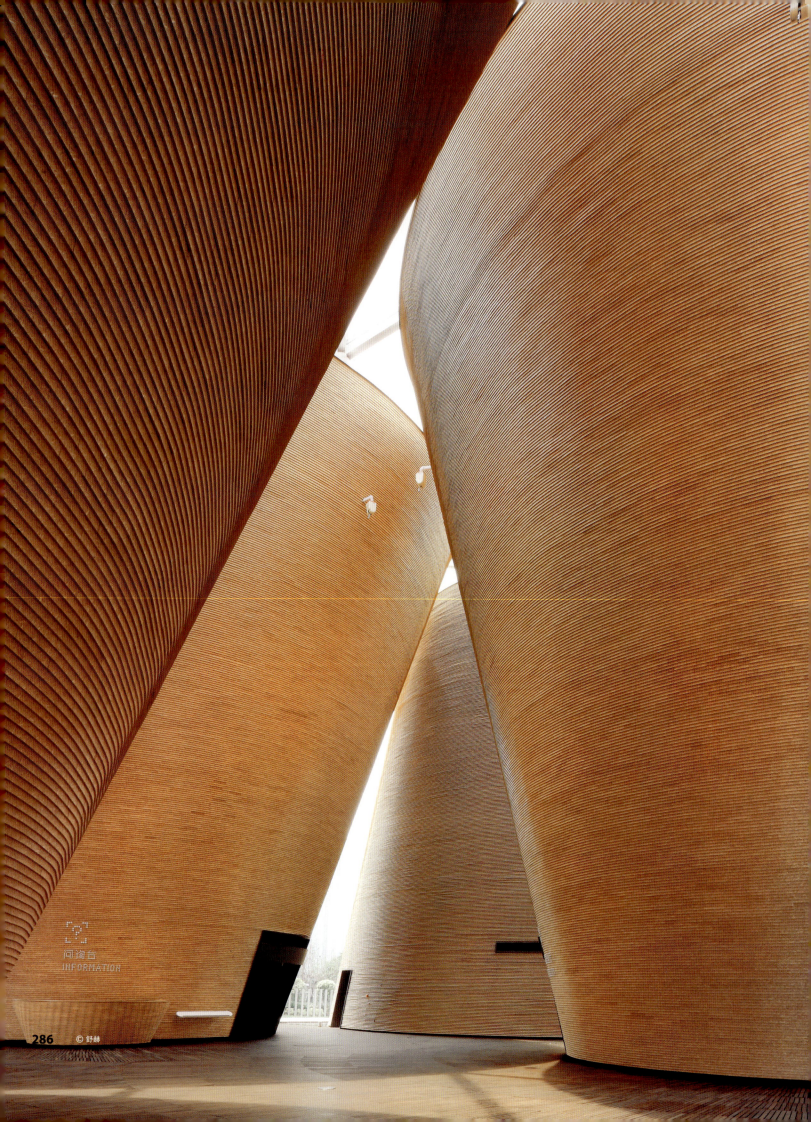

Shanghai World Expo 2010

信息通信馆
Information and Communication Pavilion

Zone E

地点：浦西 E 片区
建筑面积：6196 m²
建筑高度：20m
设计单位：上海现代设计集团华东建筑设计研究院

犹如尖端通信技术之引领时尚潮流，信息通信馆也处处彰显着别出心裁的设计理念——6400块大小一致的六边形往复拼接而成一个"蜂窝外衣"，"穿着"蜂窝外衣的展馆没有一处尖锐的拐角，整个场馆宛如流动的波浪。这就是"无差别"的建筑设计理念。

虽然"披"了一件看似"无差别"的外衣，它却拥有一个好妄的名字——梦想的礼盒，参观者可以拿着手持终端设备徜徉在无差别的礼盒里，体验一场未来信息乡村的梦想之旅。

信息通信馆是由中国移动和中国电信联手打造的，为了契合了上海世博会"城市，让生活更美好"的主题，信息通信馆将主题定为"信息通信，尽情城市梦想"，寓意在信息通信技术的帮助下，展馆将城市生活梦想的体验全面刷新，创造一幅没有边界的未来信息城市生活画卷。

展馆建筑外观表现为流畅动感的形体，借助丰富多彩的图像，似似披上了一层幻彩的丝绸外象，也传达出对信息时代的美好愿景与想象。展馆建筑设计聚焦流动的信息，取消了所有的建筑转角，形成流畅的建筑体形，表达了信息时代无限沟通的特征。轻盈而不着痕迹的形体线条，变幻闪烁、晶莹内敛的色彩设计，高科技材料和未来的元素，信息通信馆整体从造型到色彩，从整体到细节着力捕捉信息的流动。就像生物体的所有活动都是基于神经系统传递的生物电信号，信息流也依托信息通信技术成为未来城市生命活动体系的神经，在人、物、自然之间，随时、随地、随愿、流畅轻盈的涌动。流动的信息既是对建筑特征的总结性表达，又代表了行业的特色，同时也有机串联了城市这一世博会的核心元素。

Shanghai World Expo 2010

中国船舶馆
China Shipbuilding Pavilion

Zone D

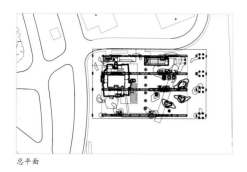
总平面

项目地址：浦西 D 片区
占地面积：18000m²
建筑面积：11600m²
层数：3 层
设计单位：中船第九设计研究院工程有限公司
　　　　　SDG（株）构造设计集团
　　　　　北京睿思集展示设计有限公司
　　　　　荷兰 NITA 设计集团

中船第九设计研究院工程有限公司
项目主师：黄建民
总建筑师：陈云琪
建筑师：黄瓯海、王凯、刘和
结构工程师：倪建工、朱江
设备工程师：孙文彤、孙斌、唐志宏
景观设计师：邓耀学
室内设计师：胡志钢
SDG（株）构造设计集团
结构工程师：渡边邦夫
北京睿思集展示设计有限公司
设计师：张诗平、王德怡
荷兰 NITA 设计集团
景观设计师：余悦

中国船舶馆位于世博会浦西展区的重要位置，西紧邻世博主轴、北正对世博主入口，南临黄浦江，与演艺中心、中国国家馆等建筑隔江相望。中国船舶馆的主题为"船舶让生活更美好，江南让上海更绚丽"，世博会后，中国船舶馆将改建为江南造船博览馆永久保留。

中国船舶馆建于被誉为"中国民族工业摇篮"的江南造船厂原址内。场馆利用原东区装焊车间改造完成。立足于其深厚的历史文化资源，设计以"延续江南精神，传承江南历史"为目标，以节能、环保、可持续发展为设计原则。设计按世博规划要求，除拆除了影响规划道路和活动场地的最北侧一跨和最南侧两跨柱网外，最大限度地保留了原厂房主体结构，充分利用其工业建筑巨大的结构潜在价值。工业建筑特有坚毅挺拔的钢结构，高大、震撼、超人的空间尺度是其空间的灵魂与特色。设计仅在其南北分别布置观景斜廊和主题展馆，并通过 VIP 廊道将它们联系起来，并尽可能将新增设施面积最小化。既满足了世博会期间展示服务功能的需要，又最大限度地保留了原有巨大的厂房空间的整体性，保留了场所的空间精神，为世博会后江南博物馆的改扩建提供最大的可能。设计还保留了重工业厂房承重地面的原貌、简洁的管道设施等，使其特有的场所感得以延续。

场地拥有绝佳的景观资源。设计于厂房南侧设置架空的观景斜廊，从斜廊南望，波光粼粼的江水、气势恢弘的中国国家馆，轻盈简约的海之贝演艺中心尽收眼底，成为世博浦西的"景之最"。斜廊采用悬索结构，造型轻巧新颖，与原结构形成刚柔对比。悬索结构构件小巧，避免了底部的支撑结构，既最大限度地减少了结构构件对观景视线的干扰，又最大限度地保证了底层沿滨江绿地的通透性。

原彩钢板屋面改造为波浪形膜结构屋面，白色的膜如同海上的波浪，强化了船舶企业的意象。设计还将造型形似船的龙骨的巨大钢构——"龙之脊"，增设于原有厂房的钢结构支撑上，借以突出船舶馆的企业形象；钢构又形似龙的脊梁，隐喻中国民族工业的脊梁，突出江南的精神内涵。弧形构架配以内部硬朗的巨大钢构，共同形成阳刚坚毅的建筑形象，是对工业企业自身文化与形象的最佳体现。

波浪形膜结构屋面和"龙之脊"，形成了具有遮荫防雨的半室外空间。膜结构采用适宜的透光率，既满足了遮阳的要求，又保证了自然采光。巨大的"龙之脊"构件成为外立面的垂直遮阳，其通透的设计能充分利用自然通风。设计通过在半室外空间内设置垂直绿化，结合其水喷雾灌溉系统共同为环境降温。通过采用"低技"的手段，设计创造了一个生态、环保的绿色半室外庭院，为世博游人提供休憩的舒适场所。

为进一步突出"船舶让生活更美好"的展示主题，新增企业主题馆将向游客展示由造船人创造的未来水上生活。主题馆设计构思来源于人类未来水上生活的平台。倾斜墙面、弧形交角的外形，淡灰色全钢板幕墙，舷窗等均使人联想到船的造型，强化水上生活意向。内部装饰空间也大量采用船上的构件和装饰，进一步强化设计意图，展现船舶企业特色。

景观设计充分表现工业建筑的大尺度空间，营造大气整体的环境氛围。绿化种植借助原有结构，采用垂直绿化，既保证了空间整体性，又与整个厂房空间融合为有机整体。地面的铺装设计为不破坏原工业地坪，采用油漆彩绘的方法，描绘海洋的图案和颜色，成为整个空间的点睛之笔。景观小品利用缆绳制作的曲线休息座椅，配合地面彩绘围合而成自由的休憩空间，并加强船的意象联想，突出展示主题。

灯光设计在立面装饰——"脊"上安装 LED 灯，随着节奏的变化，幻化为波浪等不同的效果，如同一艘迎风破浪的大船在海上行驶。在二十根外立面柱顶安装激光束，激光束配合脊上的灯光，如同航行的船上的巨桨。屋顶膜结构采用蓝色灯光照明，进一步强调海洋、船舶的企业特色。场馆内部的照明设施均配合其结构构件设计，使其和谐地融入整体环境中。

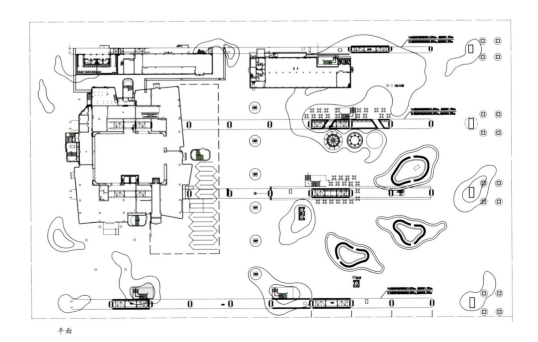

平面

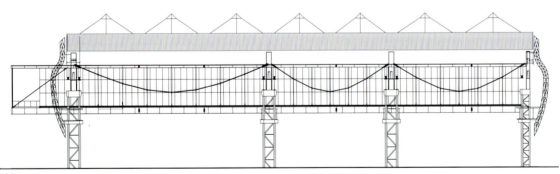
剖面 1

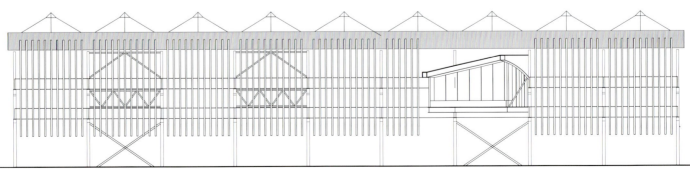
剖面 2

Shanghai World Expo 2010

中国航空馆
China Aviation Pavilion

Zone E

地点：浦西 E 片区
占地面积：4000m²
建筑面积：4910m²
建筑高度：22m
层数：2层，局部 3 层
设计单位：中国航空规划建设发展有限公司
　　　　　（原中国航空规划设计研究院）
建筑师：董岳华

中国航空馆的外形源于变幻的"云"，暗示人类超越地心引力的梦想，又似无限符号"∞"，象征宇宙的无限神秘，为航空发展提供无限可能，也寓意飞行为城市带来的无限变化，展馆昵称"飞无限"也由此而来。展馆外表覆盖洁白的膜材，将"云"的联想带入参观者的眼帘，进而表现"飞"与"翔"的理念，表达人类超越地心引力的喜悦。

中国航空馆的展馆设计将世博会的环保理念融入其中，利用双层屋面构造方法，导入自然空气，形成独特的符合环保要求的生态夹层。建筑造型整体包覆在白色 PVC 膜结构下，仿佛给建筑配搭了一座异形"遮阳篷"。尤其是屋面与膜材之间形成约 1m~1.5m 的空腔层，极好地解决了夏季屋面隔热的问题，有效地降低了运行能耗。航空馆的室内外等候区大部分被膜结构遮盖，提供参观者遮荫、避雨之处，同时还在等候区设置了水喷雾系统，为观众提供舒适的等候环境。

整个展馆分为两层，一层设前展区（启航厅）、后展区（飞行无限）、VIP 休息区，二层为主展区地乘系统。航空馆在设计时，进行大胆创新，增加展出项目的参与性、娱乐性。让参观者在愉悦轻松的氛围中，了解耐人寻味的航空历史，体验今日航空科技，抢先领略未来航空高科技。

作为整个中国航空馆旅程的第一站，前展区等候大厅将带领参观者开启一段奇妙的旅程。前展区内充满了包括未来飞行器概念模型在内的各种各样的未来航空元素。大型的 LED 屏幕将向参观者介绍航空科技知识，展示未来大型飞机、未来机场与航班，观众仿佛置身于未来候机楼。置于展区入口的多台交互式多媒体触摸屏，便于参观者随时查看游客数量和航空馆相关信息。

等候大厅是一个极具现代感的玻璃半球体，通过透明玻璃帷幕照射进来的自然光与具有引导性质的 LED 光流相融汇聚，未来世界自然与城市的和谐关系在无声的光源中自然流露，打造出自然光和科技光相融合的独特观感，彰显出未来飞行的速度感与科技感。

中国航空馆后展区浓缩了中国航空百年发展的历程。以过去、现在、未来为主题线索，用丰富的文字、图片、环幕、全息成像等多元化手段展示中国航空业历经百年的发展变迁。在这里，不仅有象征中国航空百年历史强有力启动的涡轮喷气发动机模型，还有开创中国航空事业先河的冯如号飞机模型，以及通过幻影成像呈现的中国航空经典机型。

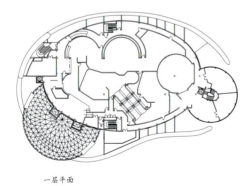

一层平面

剖面

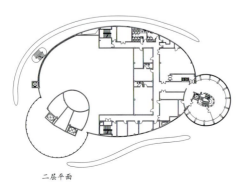

二层平面

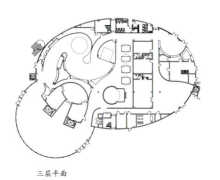

三层平面

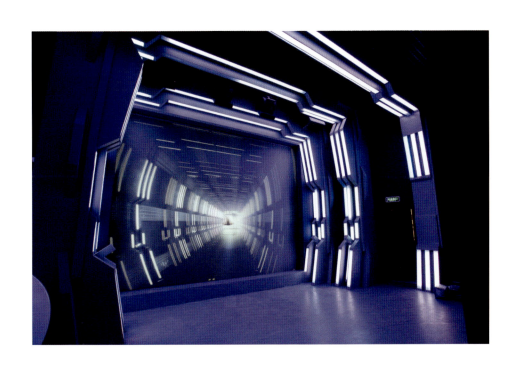

其他
Other Pavilions

Shanghai World Expo 2010

宝钢大舞台
Baosteel Stage

Zone B

地点：浦东 B 片区
占地面积：11200m²
建筑面积：12490m²
建筑高度：30m
层数：2层
设计单位：上海现代设计集团华东建筑设计研究院有限公司
设计总负责人：杨明
项目经理：姜文伟
建筑师：杨明、刘樯、吴昊、徐林凤、宿宸

宝钢大舞台位于世博滨江公园的入口，卢浦大桥以东，北邻黄浦江，东接世博中心。该项目是在原上钢三厂的特钢车间加以改建，使之成为具备3500座规模的开敞景观式演艺场所。世博期间，宝钢大舞台主要进行主题演出以及各类非主流的综艺表演，包括各国家馆日、各省市日、各主题馆开馆日的庆典及表演，以及具有上海城市特色的"天天演"活动等，最终达到与新建的文化中心等演出功能上的错位互补。

宝钢大舞台是此次世博会期间众多旧厂房改建项目中的一项，改造厂房是由主厂房和连铸车间组成。主厂房于2000年建成，钢结构梁柱排架结构，连铸车间为混凝土排架结构，改造后的该工程为地上二层，主观众听规模约3000人，小剧场约500人。

为了保持世博滨江绿地景观的完整性，设计将观演、展示、休闲等主要功能空间设置在二层平台，底层采用架空形式，设置演出准备区、设备区等辅助用房。将室外绿化、水系延伸至底层空间，使景观充分渗透至建筑内部，除舞台、道具间以及辅助配套用房封闭以外，观演空间全部敞开。在建筑的南侧设置大面积的通高空间，将底层的室外绿化和水系延伸到建筑内部，改变了曾经工业场所的性质，消融了钢结构体量的生硬冷酷，营造了轻松有趣味的人性化环境。

在设计上，也重点考虑了沿黄浦江、世博轴、卢浦大桥等主要节点观察宝钢大舞台的景观视线要求，自由流畅的滨江绿地景观与结构通透挺拔的宝钢大舞台达到了很好的共鸣。

宝钢大舞台作为世博会的重要演出场所，其建筑形态既反映内在功能与结构，又是所在区域的视觉中心。设计充分尊重工业建筑的历史原貌，不改变原有钢结构材质的肌理和色彩，新增构件以轻质、可重复利用为原则，并通过色彩、构造等手段与保留结构明显区分开来，体现可识别性原则，以反映历史的更新过程。

考虑到宝钢大舞台的使用时间主要集中在夏季，其开敞空间的特性使得中央空调系统无法设置。设计根据使用要求和特点，运用多种适宜技术手段使开敞空间局部温度降低，改善人的舒适度，创造人性化环境。

比如在建筑的屋顶、西、南立面设置了种植绿化以隔绝夏季的太阳辐射热，降低表面温度；在入口空间和南侧种植墙面局部采用水喷雾系统，从而缓解过高的温度。在主观众区上部设置直吹座席的风管送风系统，将取风口设在比较荫凉的架空层下部。系统在人员密集时使用，通过增加体表的空气流速，提高温度耐受性，让观众能更安心地观看演出。

Shanghai World Expo 2010

城市未来馆
Pavilion of Future

Zone E

地点：浦西 E 片区
占地面积：19103m²
建筑面积：41249m²
建筑高度：50m（烟囱 165m）
设计单位：同济大学建筑设计研究院（集团）有限公司

南市发电厂保留下来的主厂房经过改建，变身成为五大主题馆之一的城市未来馆，也将是"国内第一栋由老厂房改造成的三星级绿色建筑"。

主厂房南立面改造通过一组 C 字形的转折形体与屋顶太阳能板结合，同时在带形长窗部位形成遮挡，维持厂房原有型制，满足未来馆展示功能的要求；C 字形的转折形体在南立面分解翻折形成入口回廊，以满足等候功能。

东立面和顶部旨在充分发挥主厂房的高度优势和景观效应，改造方案拆除了主厂房顶部带形长窗以上的部分立面，代之以简洁纯净的玻璃体，同时 C 字形包裹的东立面局部打开，代之以通透的玻璃幕墙，与沿江景观形成呼应。晶莹剔透的巨大玻璃体如同一组朝向各个方向的巨大取景框，工业建筑的简洁粗犷、玻璃幕墙的光滑精致交相辉映，金属表皮的凝重沧桑与玻璃饰面的变化多姿相得益彰。此外，北立面冲孔处理的水波纹图案、面积 1200m² 的生态中庭、入口大门巨大的齿轮和铰链构成的巨型平开门，极具力量感和时代感。

改造方案还采用了太阳能光伏发电、风力发电、江水源热泵技术、主动式人工导光、自然通风、绿色建材、水回收利用、结构加固、半导体照明、智能化集成平台等 10 项新技术，深入阐述一座老厂房如何演绎未来"城市梦想"。屋顶平台上，单晶硅平板太阳能电池板在"列队"。数倍聚焦太阳能发电技术也被用于设计中，它们的特点是自动跟踪、多倍聚焦、功率

稳定、节约材料，是一种集约化的资源利用方式，还有四组涡轮风力发电装置的"螃蟹脚"，它们原先是电厂四组粉煤灰分离器的顶部，改造后就成了再生能源的发生器。

展馆内部空间由"昨日之梦"、"梦想与实践"、"多种可能性"和"未来正在实现"四个展区组成。"未来正在实现"将是集中了人们梦想与展望的主展区，一座"和谐广场"周围环绕的 500m² 超大可触摸屏幕，将播映一部宏大制作的动画电影。西班牙 INGENIAqed 设计团队与中国艺术家卜桦合作，将展厅打造成一个斑斓的猜想世界，带领参观者进入科幻电影中的梦幻城市。这部动画片将讲述一群孩子对未来城市的梦想，包括未来的能源是什么模样、未来如何学习、未来家庭生活如何等，展区场景会随着电影情节不断变换颜色。在这里，参观者将亲身体验未来城市的五种可能性：在"花园之城"，城市街道成为孩子们的运动场；在"知识之城"，人们不用学习就能够学会所有知识；在"水之城"，城市的河流就是一个水上公园；在"太空之城"，人们在天上长大，还能去太空旅游；在"能源之城"，汽车产生的能源足够整个城市使用。

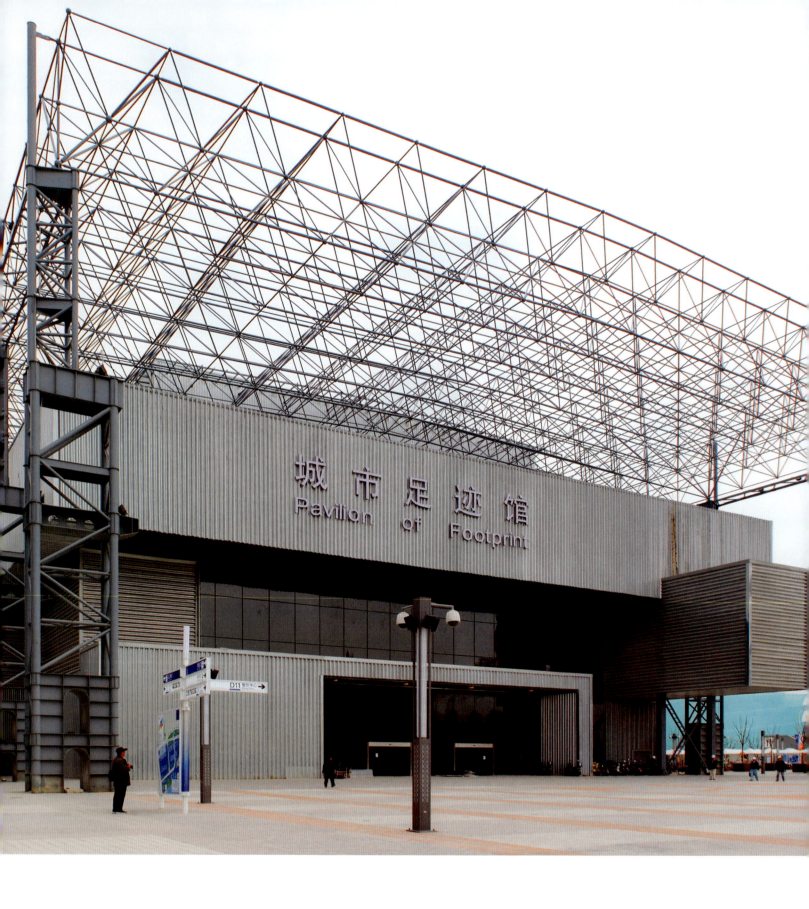

城市足迹馆
Pavilion of Footprint

Shanghai World Expo 2010

Zone D

地点：浦西 D 片区
占地面积：2.34hm²
建筑面积：19476m²
建筑高度：32.75m
层数：3 层
设计单位：同济大学建筑设计研究院（集团）有限公司
建筑师：胡荟、王浩

城市足迹馆与浦东世博会主题馆、浦西未来馆一起构成本届世博会五大主题展馆，其核心理念为"城市文明"，为展示城市发展历史和相关文物的大型博物馆。在上海世博会期间，该馆不仅具有收藏和展示与城市文明艺术相关的文物文献、盛典纪实和成就成果的功能，还可作为国际展览局等国际机构在中国就城市文明艺术等问题开展交流与合作的场所。

城市足迹馆的改造前身为江南造船厂西区装焊工场。设计对老厂房的外围护结构和内部空间进行改造，尽可能完整地保留原厂房柱、梁、网架等主体结构。结合规划和功能要求，拆除西段底标高 18m 的屋顶网架部分，将新增的城市足迹馆设于屋顶网架底标高为 26m 的东段。拆除原封闭老厂外围护体系，暴露具有美学价值的钢屋架，把原匀质空间转变成公共开放空间和封闭空间的结合体。在公共空间部分插入开放性功能如门厅、序厅等，在封闭部分置入一般展厅、后勤、仓储和设备辅助空间。通过新旧建筑体量穿插，以开放和封闭两种空间延续工业建筑历史文脉。

改建后的城市足迹馆为 3 层建筑，建筑高度 32.75m，内部功能由展厅区、仓储后勤区和交通服务核组成。其中展示区共四个，分别为序厅、城市起源厅、城市发展厅和城市挑战厅。以中央中庭和震撼 5000 放映厅为核心，组织各展厅展示流线，各展厅相对独立，参观流线灵活流畅。除一厅层高 8.4m 外，其余各厅层高均在 10m 以上，充分利用老厂房原有

高大空间。展厅中消防楼梯、电梯、卫生间、设备机房设计为中央交通服务核形式，分列展厅南北两侧，与展厅相对独立又联系紧密，保障展厅空间的完整和流畅。

作为使用期为一年的临时建筑，建筑材料的选用在注重美观的同时尽可能精简节约且施工便利。外墙和屋面采用双层压型钢板内衬保温材料，除公共交通空间外尽量减少外窗面积，有效节约能源。

城市最佳实践区中部展馆 B-1
UBPA-B-1

Shanghai World Expo 2010

Zone E

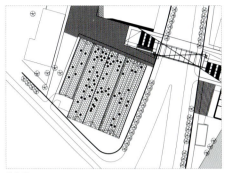
总平面

位置：浦西 E 片区
占地面积：4643m²
建筑面积：3810m²
建筑高度：14.2m
设计单位：同济大学建筑设计研究院（集团）有限公司
建筑师：王灏

城市最佳实践区中部展馆 B-1 主要考虑建筑所处位置的特殊性与重要性，在建筑造型和立面的设计上追求简洁明快的现代建筑风格，突出建筑整体性和时代感，它既要能满足世博会展览建筑的要求，又要能展示现代大气、高新科技、经济环保的展馆特色。

B-1 展馆的改造是以仿生衣概念作为基本出发点，对老厂房的外维护结构进行改造和加工。设计师通过单体建筑来阐述"城市是一个有机体"的基本观念，采用整体性仿生衣的三维变形和塑性的工程塑料将老建筑重新变身为一个美丽的有机体。仿生衣外衣的受力结构来自于蜂窝结构体，设计师在参考了诸如蝴蝶翅膀等昆虫的有机结构后，利用其无限衍生性和单一性的两大特性对其进行建筑学意义上的抽象和改造，形成了非常迷人的外部构造肌理。

B1 展馆区由三栋厂房组成，设计师通过一个整体外墙把三栋厂房联系起来，通过 6 号和 7 号楼，7 号和 8 号楼之间加了风雨顶棚，把它们连接在一起。根据展馆的净空高度要求，将屋架的底标高均调整到 9m 以上。同时考虑到展览建筑对采光的特殊要求，把原厂房的围护墙全部，由于原金工车间发生过火灾，钢屋架局部被烧毁，所以要重新设计屋架。由于出于对展馆采光方面的考虑，设计师还在屋顶设计了六边形的可开启式天窗。

根据业主提供的布展平面图，在 B1 展馆区的 6 号、7 号、8 号楼内，共布置了 6 个展示区，每个展示区从 550m²~700m² 左右。而每个展示区又分为展品区和后勤辅助区。其布置原则也是展品区相对集中，以确保参观动线的合理与流畅。后勤辅助区也相对集中，并将设备用房和后勤区结合起来，尽量利用厂房的室内高度，把设备用房放在两个展区之间，以增加展示空间和展墙面积。

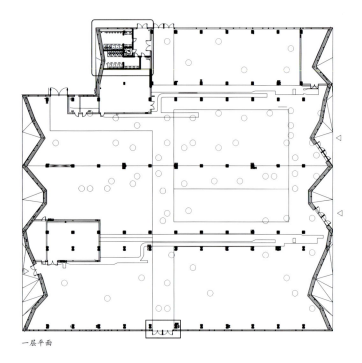

一层平面

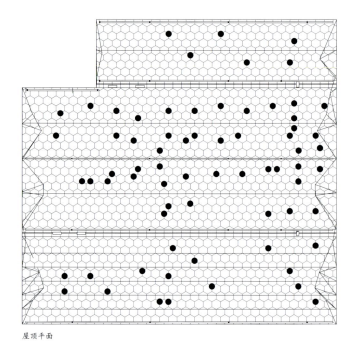

屋顶平面

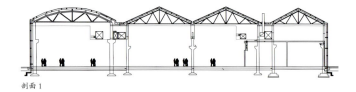

剖面 1

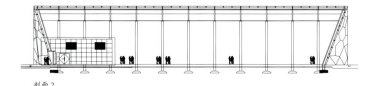

剖面 2

城市最佳实践区中部展馆 B-2
UBPA-B-2

Zone E

地点：浦西 E 片区
占地面积：5590m²
建筑面积：6195m²
建筑高度：17.76m
层数：1 层
外方设计单位：Mario Occhiuto Architetture
外方建筑师：Mario Occhiuto
中方设计单位：同济大学建筑设计研究院（集团）有限公司
中方建筑师：顾英、罗晓霞

中部展馆 B-2 由两栋老厂房组成，改造过程将中部陈旧的部分厂房拆除，两栋老厂房之间加了半透明围护结构，使之成为一个整体的展示空间，既改善了造型，又有利于内部布展空间的布展使用。

建筑整体保留了原厂房的结构框架，包裹整个建筑的外幕墙采用陶土板和铝板相结合，在面向广场和东西两侧方向向外倾斜，打破了方盒子的枯燥感，形成整个建筑的动感效果。

外立面的特色之处在于采用陶土砖幕墙的装饰，考虑到改造项目的特殊性，外包裹的陶土幕墙立面上竖向分成若干段，露出的墙体尽可能保留原有厂房的立面特征。陶土砖的尺寸为 1.5m×1.5m，全部由意大利进口，是一种具有高科技技术含量的绿色环保材料，安全无辐射，可直接回收。由于采用陶土这种独特的基质材料，一方面在于其尺寸之大，是常规的技术水平无法实现的，另一方面，这种先进的工艺不仅做到了尺寸的巨大，而且，有 80% 以上的面砖进行了镂空雕花的处理，其花纹特色充分的体现了意大利的艺术设计风格：美轮美奂。并且由于选用的陶土这种基质，其色彩可以长期保持原有色泽，体现建筑的历史与发展。

屋架顶部局部采用采光天窗。入口半室外广场空间的采光顶，在屋顶形式上形成富有变化的光环境。中间的连接体上的风雨顶棚，以纵向构架覆盖玻璃为主要体系，与老厂房的横向构架肌理形成对比，为下部展厅提供高光效的展览空间。

面向广场的立面，陶土幕墙离地约 3.6m，形成入口空间的自然提示。入口外部留出 6m 左右的空间，该空间的顶部采用透明材料，但周围并不封闭，形成天然的室外等候或休息场所。面向广场立面上采用的镂花陶土砖在幕墙后的半室外空间形成丰富的光影效果。我们把上述的结构体进行了建筑化改造和抽象后形成一种非常迷人的外部构造肌理，作为老厂房的外围护结构。

单体的外墙主要采用轻质保温墙体和陶土板、铝板的复合外墙系统。两层构造之间采用通风空腔，有效减少了室外温度对室内的影响。

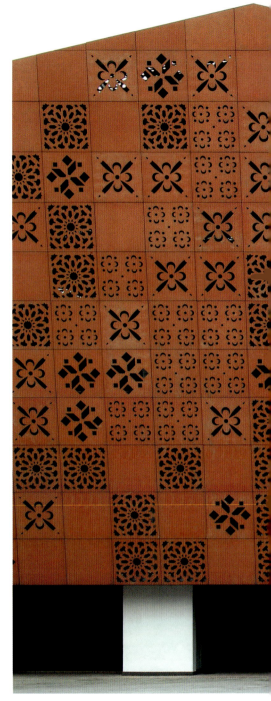

城市最佳实践区中部展馆 B-3
UBPA-B-3

Zone E

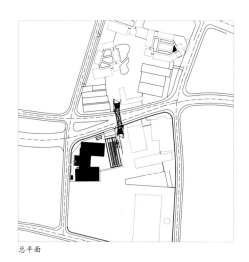
总平面

地点：浦西 E 片区
占地面积：14390m²
建筑高度：20.9m
层数：2 层
设计单位：同济大学建筑设计研究院（集团）有限公司
建筑师：李麟学

项目地处 2010 年上海世博会城市最佳实践区中部 B-3 地块，南侧紧邻城市创意广场，与南市电厂共同围合，形成城市创意广场的主要界面，同时，与意大利环境署参与建造的 B-3-2 展馆共同形成围合式内部广场空间。B-3 展馆属老厂房改造，故整体布局还是从整个中部组团规划和原厂房现状环境考虑，使之能在"新旧嵌合、架空开放"的策略下得到焕发并且与周围组团环境相融合渗透。建筑平面为三个大小不一的矩形，成东西走向；底部架空空间形成面向南北导向城市创意广场与内部广场的活跃空间。

基地原有厂房桁架结构保存完好，工业历史痕迹清晰，面临着保护历史建筑和重塑园区空间脉络，又兼顾世博会期间布展的独特性和会后运营的通用性。设计采用了"新旧嵌合、架空开放"的策略。保留厂房原有骨架，新建筑形成两个凌空的盒体嵌入其中，底部架空空间形成面向城市创意广场与内部广场的活跃空间，形成展会期间炎热气候下的水体微气候环境。设计整体规划参观流线，让人体验参观中独特的新旧交替、室内外交替、参观与休闲交替。

B-3 展馆总用地面积（含 B-3-2）为 14390m²，地上 2 层，局部 1 层，建筑高度 20.90m，室内外高差为 300mm，平面呈 3 个东西矩形。整体形态现代大气，因此在盒体的立面处理上尽量设计得干净简洁，以便在保持建筑的整体性和完善性的基础上对建筑的体量进行简化，加强与老建筑的新旧对比，以此加强建筑本身的视觉冲击力。

建筑改建部分为原框架结构 + 钢结构体系，新建部分为钢结构体系，抗震等级 7 级。建筑立面大面积窗采用双层呼吸幕墙，外皮为聚氨酯碳酸板幕墙，内皮为铝板和玻璃幕墙。

主要的展览空间平面均为矩形，南北 2 个单体地上有 2 层，中间单体为地上 1 层。建筑室内展厅净高均满足展览需要不小于 9m。建筑的整体由 3 个单体组成，参观流线提供了 2 种选择：一种是连贯的参观流线，人流先从南部单体上至其二层，参观完 3 个展位后经其西侧楼梯下至底下架空层，沿途穿越莲花水池，接着通过连廊进入一层的中部展厅，在展厅回旋参观后，通过另一连廊到达北侧的架空层，同样沿途穿越莲花水池，到达北部单体的主入口，上至其二层空间，参观完 3 个展位后同意经过其西侧楼梯下至架空层，次架空层设有团级购物点和休息平台，供游人小憩及观景；另一种是独立的 3 个单体参观流线，即 3 个单体展厅均可以通过其主入口进入其主要展示区，灵活管理。建筑表皮采用双层通风幕墙构造形式，外覆彩色聚氨酯碳酸板材，内层幕墙为中空 low-E 玻璃，具有良好节能效果；结合高科技灯光设计，充分发挥材料独特的潜力，形成两个璀璨梦幻的"飞盒"。材料的选择充分考虑可循环再利用的设计要求。建筑布局紧凑，体形系数小，有利于节能。

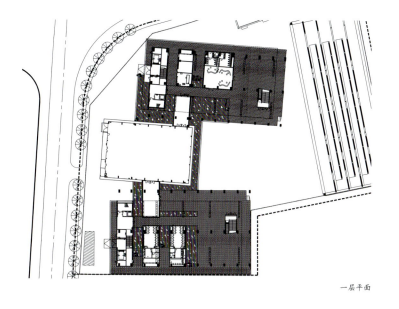
一层平面

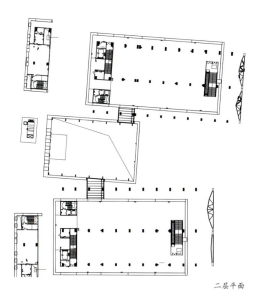
二层平面

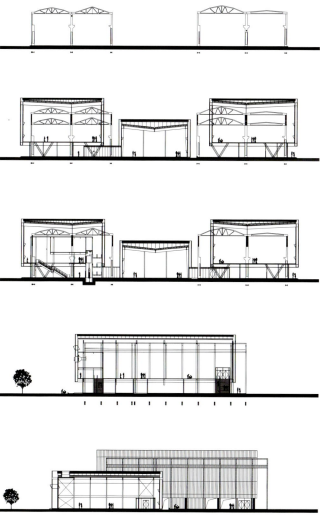
剖面

Shanghai World Expo 2010

城市最佳实践区中部展馆 B-3-2
UBPA-B-3-2

Zone E

地点：浦西 E 片区
占地面积：2322m²
建筑面积：2322m²
建筑高度：17.45m
层数：1 层
外方设计：Mario Occhiuto Architetture
外方建筑师：Mario Occhiuto
中方设计单位：同济大学建筑设计研究院（集团）有限公司
中方建筑师：顾英、罗晓霞

中部展馆 B-3-2 为整个中部展区唯一的新建展馆，这个新建筑的设计可以说是时尚设计风格和精美技术手段的完美结合。

建筑的平面布局为非常简约的长方形，从布局的角度讲，非常适合展览类建筑的使用要求。建筑立面采用由意大利进口的一种高科技技术合成的类膜材料，并且在工厂内按照立面的模数预制成方形的整体式幕墙，现场挂装，保证了外幕墙的安装质量。材料本身划分成 3m² 见方的方格，旋转放置，整个立面采用大小渐变的开窗方式，其构图和开窗的位置，经过精心的推敲，完美地展现了意大利精美细致的设计风格，同时，菱形的分割隐喻了某种中国元素的含义，建筑个性特征明显。

内部采用大的巨型桁架支撑屋面，整个建筑内部不设柱子，空间简洁开敞、简洁。V 字形桁架的设计，一方面是结构的需要，更重要的是，设计师巧妙地利用了桁架中间的空间，设置各类设备的管线，并且通过各类管线的综合，合理布置空调、喷淋、烟感探头、喇叭以及灯具，从而减少了设备对展览空间的影响，达到了内部空间的极简效果，与外立面的设计相呼应，使科技手段与美学设计达到了完美的统一。结合桁架的设计，顶部设计了带型的天窗，柔和的光线由屋顶洒落在室内，映衬立面不规则的方形采光窗，营造出了简约、宁静的室内风格，配合纯白色的室内色彩，不沾染一丝杂质，颇具感染力。

建筑外表面采用双层墙体，外围护的墙体系统与内层轻钢龙骨石膏板之间的空腔解决管线通路之外，有效减弱室外冷热辐射。（文 / 顾英）

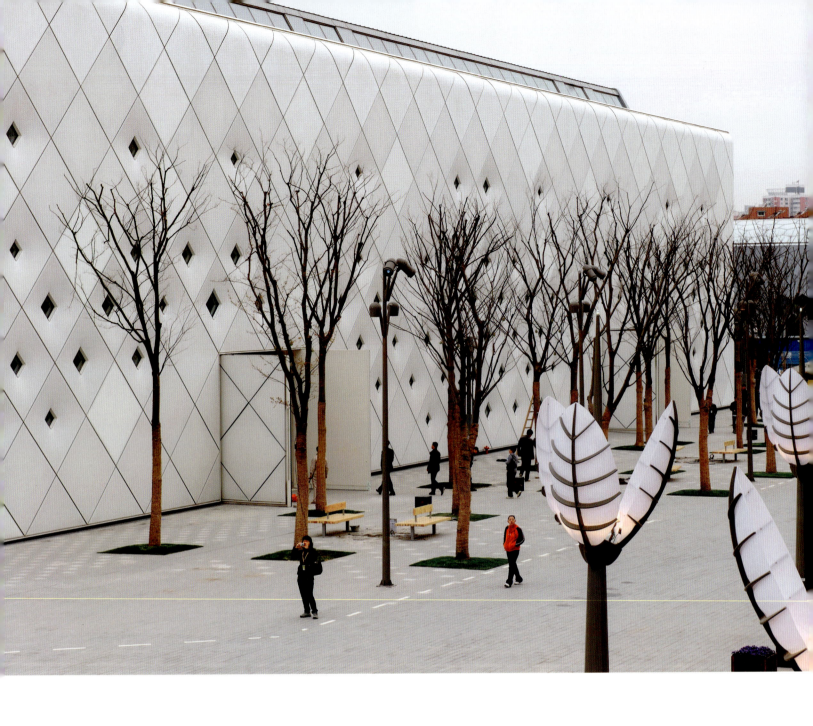

Shanghai World Expo 2010

城市最佳实践区中部展馆 B-4
UBPA-B-4

Zone E

地点：浦西 E 片区
占地面积：15840m²
建筑面积：9620m²
层数：1层
设计单位：日本 HMA 设计事务所
合作设计单位：同济大学建筑设计研究院（集团）有限公司

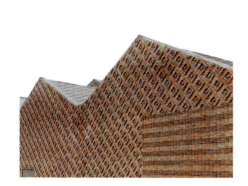

B4 展馆区由 3 栋厂房组成，设计师在 1 号、2 号楼之间加了风雨顶棚，把他们连接在一起。根据展馆的净空高度要求，将屋架的底标高均调整到布展需要的 9m 以上。同时考虑到展览建筑对采光的特殊要求，把原厂房的窗用砖封堵，并重新设计了屋架，增加了屋顶的侧向采光天窗，而在屋顶形式上又极其富有老上海石窟门里弄的韵味。1 号、2 号楼中间的连接体上的风雨顶棚，以几何状的钢架为结构体系，覆盖玻璃作为顶棚，可辅助遮风挡雨，形成半开放的内庭，可兼作为室外展示区。1 号、2 号楼的外墙，饰以红色面砖，以还原老厂房的面貌。在原本有门窗的部位，用拆下的废砖封堵后，刷以涂料，以捕捉老厂房的痕迹，使人们穿梭在时空隧道之间。

3 栋厂房中靠黄浦江最近的是 3 号楼，从世界城市广场能很明显地看到，也是园区里面最高的建筑物。它具有独特的结构形状，为了把它保留下来，并清晰地展示给大家，设计师把它和人流动线接近部分的外墙全部拆除，完整地保留原来的梁柱体系，并在人的高度以上部分装上固定玻璃百叶，这样可以有效地阻挡风雨的侵袭。同时，他们又在原来的结构体内部作了个雕塑感极强的酒瓶似的内胆，作为展示区。展示区室内的自然光源来自 3 个天窗。展示区的外部用条木装饰。结构裸露、造型独特的展示区在玻璃百叶的掩映下，使人产生"犹抱琵琶半遮面"的联想，强烈地吸引从水上入口前来的游客，实属本地块的一个亮点。（文/顾英）

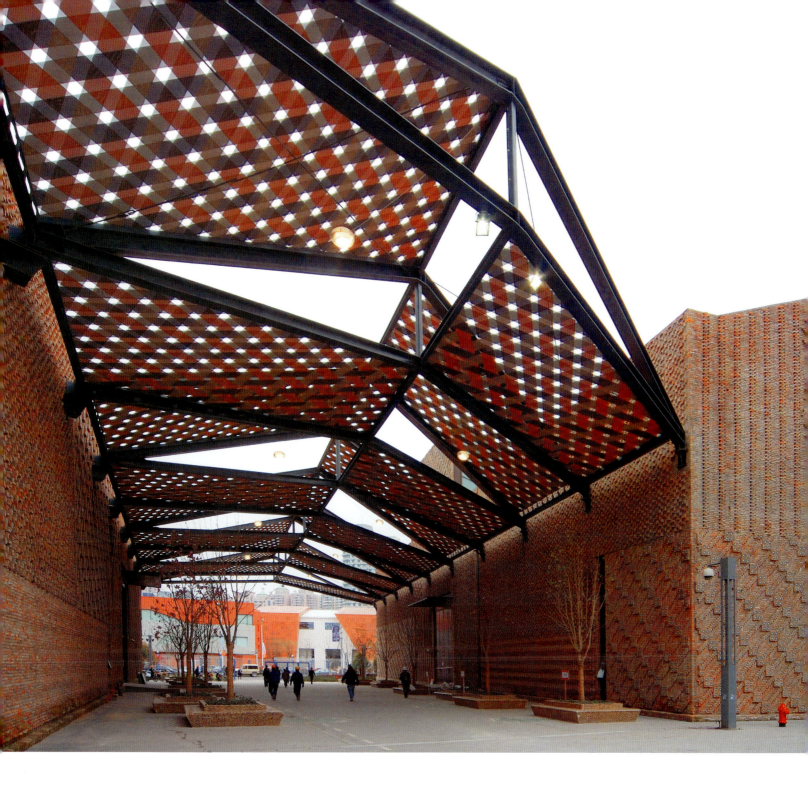

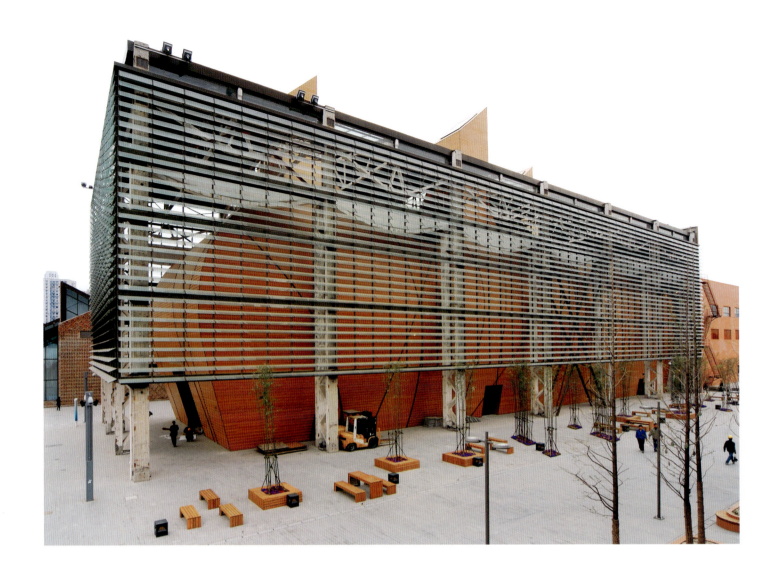

城市最佳实践区公共服务设施 C-1
UBPA-C-1

Zone E

地点：浦西 E 片区
占地面积：1969m²
建筑面积：3652m²
建筑高度：10.55m
层数：2 层
外方设计单位：Mario Occhiuto Architetture
外方建筑师：Mario Occhiuto
中方设计单位：同济大学建筑设计研究院（集团）有限公司
中方建筑师：顾英、陈果

公共服务设施 C-1 与 B-2 展馆紧邻，在设计中作为一组建筑，进行整体的考虑。采用了穿插体块相协调的方法，三角形的形体与基地形状协调。建筑体量在面向广场一侧作大跨度悬挑，以海纳百川的气魄形成具有亲和力的空间界面。

在满足保温隔热等节能要求的同时，采用仿清水混凝土和铝板材料包裹建筑，与 B-2 充满异域风情的立面风格在建筑语言上取得呼应。立面的划分，充分表达内部结构的受力特点，展现建筑结构的张力美。同时，配合表面装饰材料的粗糙感，展现力量的特征。

作为公共服务性质的建筑，其功能上包括了餐饮、购物、问询、物流配送、公用电话以及公共休息等功能，从一层上至二层的大台阶形成丰富的室内外空间，这种开放空间与建筑的结合，试图延伸 B-2 所具有的意大利风情，引入颇具特色的意大利广场的概念，从而在 B2 和 C1 所形成的城市空间中，令来访者充分体验异域风情，不仅仅从建筑的外观，同时，空间的设计也体现其中。（文 / 顾英）

Shanghai World Expo 2010

世博会博物馆
World Exposition Museum

Zone D

地点：浦西 D 片区
占地面积：1.25hm²
建筑面积：5216 m²
建筑高度：16.05m
层数：2 层
设计单位：同济大学建筑设计研究院（集团）有限公司
建筑师：胡荇、鲁欣华、龚海涛

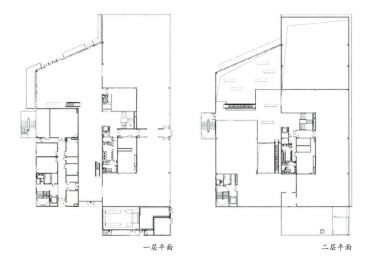

一层平面　　二层平面

世博会博物馆位于浦西 D 片区江南造船厂范围内，其前身为西区加工工场的东端（又称江南造船厂部件装焊工场），总建筑面积为 5216m²，主要功能为收藏、研究、展示历届世博会文物、盛典纪实和成就成果。该馆是本届世博会的重要创举，为会后继续记录今后世博会的足迹奠定了基础。

为满足相对复杂的世博会博物馆要求，该建筑改造的指导思想建立在兼顾世博会布展独特性的基础上保护历史建筑，重塑园区空间脉络。建筑外形以折线形肌理的橙黄色聚酸碳酯装饰板构造"文化容器"，在尽可能保留原厂房钢结构、屋架基础上，以简洁外形、精致细节构成富有冲击力的视觉效果，创造出"老厂房，新建筑"的改造模式。博物馆与综艺大厅共处于同一屋檐下，两者间以入口广场和顶部保留网架景观照明"光云团"，营造出不同建筑间共生、互动的关系。

博物馆室内主要由公共空间和展厅区构成。公共空间分为起汇聚作用的入口大厅和起引导连接作用的休息厅两部分。入口大厅两层贯通，侧面为中空 Low-E 玻璃（即低辐射玻璃），顶部局部设置天窗，呈导光盒造型，通透敞亮，流光溢彩，观众由此开始参观历程。引导性休息厅位于办公仓储区和展厅间，南北贯通，与入口大厅共同构成抑扬顿挫的空间序列。休息厅设有自动扶梯，二厅参观完毕可方便由此到达二楼展区。展馆区由两层叠加组成，通过一个整体动态交通体系——双向自动扶梯连接，高效、快捷、联系紧密，此外还设有无障碍电梯和楼梯，形成由大厅—序厅—一厅—二厅—三厅—大厅的展示参观序列，确保参观流线的合理与流畅。其中序厅为两层通高空间，结合使用要求，可营造震撼壮观的效果。所有展厅均为封闭式外墙，采用人工照明。

作为使用期为一年的临时建筑，建筑材料的选用在注重美观的同时尽可能精简节约且施工便利。为有效节约能源，外墙和屋面采用双层压型钢板内衬保温材料，除公共交通空间外尽量减少外窗面积。

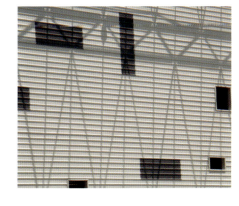

Shanghai World Expo 2010

综艺大厅
Entertainment Hall

Zone D

地点：浦西 D 片区
占地面积：1.8hm²
建筑规模：11371m²
建筑高度：16.10m
层数：2 层
设计单位：同济大学建筑设计研究院（集团）有限公司
建筑师：胡荣、鲁欣华

世博会综艺大厅位于浦西 D 片区江南造船厂范围内，其前身为江南造船厂西区加工工场的西端，总建筑面积 11371m²。该建筑充分反映上海世博会"理解，沟通，欢聚，合作"的理念，体现"勤俭办博"的精神。改造结合世博会博物馆，拆除原 L 形厂房东南角部分，变"L"形为"一"形，以改善建筑与局门路的关系。拆除原外围护体系，剩余部分钢结构、屋架保留，在内部重新造房子，在延续工业建筑历史文脉的基础上满足相对复杂的观演建筑要求。

建筑造型突出整体性和时代感，体现简洁现代、科技创新、经济环保的观演建筑特色，并采用大面积折线形玻璃外墙与局部实墙穿插、虚实结合的建筑语汇。入口大厅通透敞亮，流光溢彩，与该建筑开放、交流的建筑性格不谋而合；观众厅结合功能需要，以红色异形实墙围护，仿佛包含在玻璃大厅中的红色钻石，熠熠生辉，引人注目。整组建筑通透、轻盈，富于空间层次。该建筑与世博会博物馆共处于同一屋檐下，两者间以入口广场和顶部网架设置景观照明营造不同建筑间共生、互动的关系。

综艺大厅内部空间分为休息厅、观众厅、舞台及化妆排练用房、餐饮用房。公共休息大厅为两层贯通空间，与博物馆共享入口集散广场。观众厅约 1900 座，可通过底层大厅和二层休息平台入口直达内部。舞台部分须拔除一根钢柱，形成舞台台框，常规演出时，观众厅边缘座席不作利用；互动表演时，可搭建伸出式舞台，功能灵活可变，最大限度地满足各类综艺表演的要求。

作为使用期为一年的临时建筑，建筑材料的选用在注重美观的同时尽可能精简节约且施工便利。外墙和屋面采用双层压型钢板内衬保温材料，有效节约造价。为满足功能需要，舞台部分需拔除一根原厂房钢柱，这成为了设计和施工过程中的最大挑战，设计师采用一根刚度较大的箱型截面托梁取代原柱对上部网架的支撑，通过软件对网架的施工工程应力应变进行细致分析，并由检测单位对施工中及施工后网架及托梁进行全程检测，最终在多方努力合作下，"托梁换柱"成功实施。

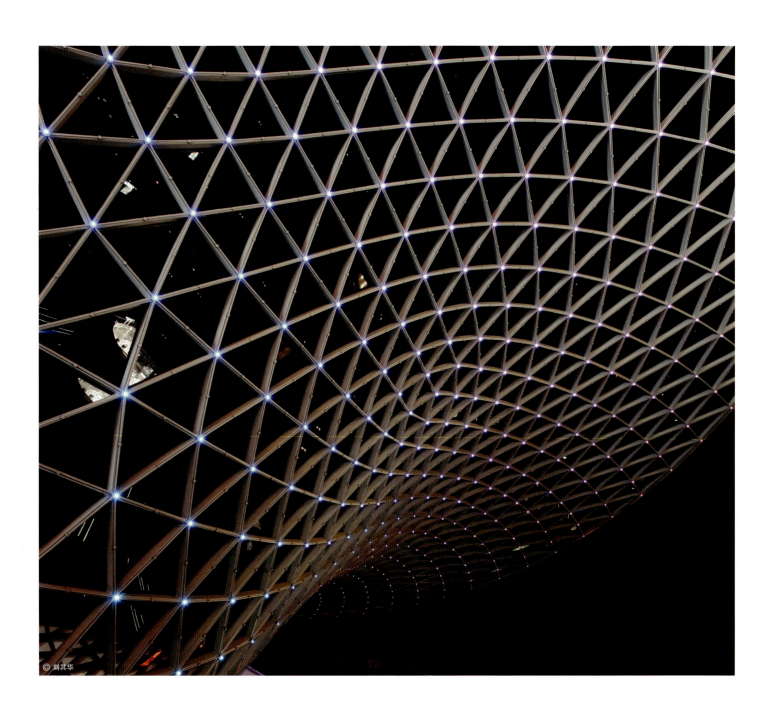

后记
Postscript

随着世博会开幕式的一天天临近，本书的编辑工作也终于接近尾声。2010上海世博会是历届世博会参展方最多的一次，这一特点也使本届世博会的场馆建设有了更大难度。在世博会场馆的建设现场，每天都在发生着新的变化，而与此相应，本书的编辑过程也始终是一个开放式的、逐步完善的过程。作为展示人类文明发展的最高盛会，上海世博会期待着给世界一个全新的面貌、一个完美的开幕，而本书的编辑更期待着能通过书中所收录的世博会场馆建筑，既为读者呈现本届世博会建筑的全息画卷，更为世人留下有关本届世博会建筑的最美好的记忆。编辑的过程充满艰辛，但结果却令人欣慰，六十余座世博会场馆的全方位展示，是编者给读者的最好交代。

由于本书中收录的世博会场馆数量较多，这些场馆关系到来自世界各国家与地区不同的设计单位以及不同的组委会，这使本书的编辑任务非常繁冗，也为我们编辑的前期资料收集工作带来了很多困难。在组稿过程当中，参与场馆设计的设计单位、建筑界的专家和学者以及社领导的鼓励与支持给了编撰人员最大的力量，这使得本书的出版成为可能。

截至4月，许多场馆仍尚未完工，为了能更全面地反映世博会场馆的最终建设成果，直到本书出版前最后一周，我们的摄影师仍在不断更新照片。在本书即将付印之际，还有一些室内设计工程尚未竣工，书中只能以效果图的方式让读者一窥全貌，望读者谅解。

在本书出版之际，我们向为本书提供了丰富资料和照片的各相关设计单位、建筑师以及各场馆组委会致以深深的谢意！

本书的如期出版，凝聚了无数人的心血和付出，在此向所有为本书出版付出智慧与辛劳的人们致以深深的敬意！

2010年4月22号

（截至出版前，本卷所涉及的场馆与附属设施名称均以中国2010年上海世博会组委会官方网站所列名称为准。名称如有变化，请参阅中国2010年上海世博会官方网站：www.expo2010.cn）

图书在版编目(CIP)数据

二○一○年上海世博会建筑/中国建筑工业出版社编．
—北京：中国建筑工业出版社，2010
 ISBN 978-7-112-12036-9

I.二… II.中… III.博览会-展览馆-简介-上海市-
2010 IV.G245 TU242.5

中国版本图书馆CIP数据核字（2010）第071536号

主编单位：中国建筑工业出版社

总 策 划：张惠珍

执行策划：徐 纺

责任编辑：徐明怡 徐纺

美术编辑：朱 涛 赵鹏程

图片编辑：韦 然

摄 影：韦 然 徐明怡 朱 涛 赵鹏程等

二○一○年上海世博会建筑

Architecture at Expo 2010 Shanghai China

中国建筑工业出版社 编

*
中国建筑工业出版社出版、发行（北京西郊百万庄）
各地新华书店、建筑书店经销
上海利丰雅高印刷有限公司制版
利丰雅高印刷（深圳）有限公司印刷
*
开本：965×1270mm 1/16开 印张：21.25 字数：918千字
2010年5月第一版 2010年5月第一次印刷
定价：208.00元
ISBN 978-7-112-12036-9
 （19295）
版权所有 翻印必究
如有印装质量问题，可寄本社退换

(邮政编码 100037)